シモネッタの
本能三昧イタリア紀行

田丸公美子

講談社

シモネッタの
本能三昧イタリア紀行

目次

スイス
SWISS
ドイツ
GERMANY
第4章
ルガーノ
P81
フランス
FRANCE
オーストリア
AUSTRIA
トリノ
第2章
ミラノ
P33
ベルガモ
第7章
ヴェネト地方・
ブレンタ運河
P149
ブレシア
シルミオーネ
ヴェロナ
ヴィチェンツァ
パルマ
ジェノヴァ
モナコ
パドヴァ
第3章
ボローニャ
P71
第6章
ヴェネツィア
P125
スロヴェニア
SLOVENIA
モンテカティーニ
ルッカ
ピサ
第8章
フィレンツェ
P163
クロアチア
CROATIA
サン・ジミニャーノ
サンマリノ
第11章
ペルージャ
P231
シエナ
コルス島
イタリア
ITALY
アンコーナ
サトゥルニア
アッシジ
テルニ
サッサリ
ヴァチカン市国
ペスカラ
第1章
ローマ
P13
サルデーニャ島
第5章
ナポリ
P95
フォッジア
イスキア島
ポンペイ
カプリ島
ポジターノ
ラヴェッロ
アマルフィ
第10章
マテーラ
P219
アルベロベッロ
ターラント
カリアリ
地中海
パレルモ
コルレオーネ
カタンザーロ
ュニジア
TUNISIA
カルタニセッタ
第9章
シチリア
P185
メッシーナ
アグリジェント
レッジョ・カラブリア
タオルミーナ
カターニア
シラクーサ
N
0 50 100 150 200
Map Design : 白砂昭義（ジェイ・マップ）

シモネッタの
本能三昧イタリア紀行

ブックデザイン+本文組版……日下潤一+長田年伸+荒井千文+伴野綾香
本文扉絵……浅妻健司

まえがき

このたび、休刊中の「月刊現代」に連載していた紀行文を、加筆の上まとめて出版する運びとなった。

タイトルから想像できるとおり、普通の紀行文とは少し様相を異にしている。なんといっても「本能三昧」である。

仏教によると、人間の本能は五欲のなかに体現されている。おいしいものを食べたい（食欲）、異性と寝たい（性欲）、眠りたい（睡眠欲）という3つのベースに基づき、金持ちになりたい（財欲）と、有名になりたい（名誉欲）という2つの欲望が付随している。禅寺で座禅を組む日本人が、五欲を制する、すなわち欲望をすっかり忘れる境地を目指すというのに、イタリア人は、あるがまま、本能全開で生きている。自我と本能が他者と思い切りぶつかり、生きるエネルギーが渦巻く国イタリア。

私が、初めてのイタリア旅行に出かけたのは、1973年、齢23歳のときだ。「欲望という飛行機」に乗って訪れたイタリアでは、見るもの、聞くもの、すべてが感動の連続だったが、同時に、私を見るイタリア人も感動していた。何せ、私がチネーゼ（中国人）だの、ジャッラ（黄色人種）だのと言われ、奇異の視線に囲まれるくらい、日本人が珍しかった時代なのだ。

海外旅行は限られた人だけに許された贅沢で、私が買った、最も安いアエロフロートでも片道17万5000円もした。一流企業の初任給が4万円足らずの時代なので、今の料金に換算すると往復で200万円近い感覚になる。12人もの友人に見送られ、羽田空港を発ったあの日から、早くも40年近い年月が経った。なつかしの古いイタリアから、今のイタリアに至るまで、シモネッタの旅の思い出を紡いで、この本ができあがった。

通訳が本業の私が物を書き始めたのは、30年以上他人の発言ばかり訳してきた反動からだが、それだけではない。仕事で知り合うイタリア人があまりに面白かったせいでもある。とりわけ、彼らのレゾンデートル（存在理由）ともいえるセックスに関して、悲喜こもごもの人間模様をたっぷり見聞きし、面白さをひとりじめするのがもったいなくなったのだ。

ところが、日本ではその手のやわらかい話はなかなか市民権を得られない。イタリア男たちの恋の実話集『シモネッタのデカメロン』を出したときも、大学生だった息子が帯とタイトルを見ただけで言った。

「いい年してこんなもん実名で書くなよ。ペンネームにしろ。年考えろ！」

「いい年して」「年考えろ」。彼の二つの言葉が私の怒りを増幅する。人間は、年齢によって生き方を決められるものなのか！　あー、イタリアにさえ行けば、今でも充分女扱いしてもらえるのに……。

地団駄を踏みながら、昨年のイタリア、ミラノの新聞記事の見出しを思い出す。

「蛇行の車を摘発、中で性行為。女は70歳、男は59歳」

記事は、二人がほぼ全裸に近い状態であったことまで細かく報告していた（しかし、これは新聞に載せるべき内容か？）。本能の赴くままの高齢者たち。さすがイタリア！　またぞろ、イタリアへ行きたくなる。

日本人に最も人気がある旅行先のひとつがイタリア。毎年２００万人以上の日本人が訪れている。小泉総理も首相の座を降りたとき、「引退後は、芸術があり、食べ物がおいしく、女性も美人のイタリアに住みたい」という発言をしている。なぜ、彼らはイタリアを目指すのだろう。もちろんイタリアには、文化、歴史、食べ物等々、人々を惹き付ける魅力は十二分にある。だが、その心の奥底に、世間の目を気にせずひとりの「男」と「女」になれる国を求める気持ちもあるのではないだろうか。人間の原点に回帰できる場所、それがイタリアなのだ。

イタリアで、もうひとつ目を惹くのがリピート率の高さだ。リピーターが多いということは、何度見ても飽きず、毎回、新しい発見があるということ。しばらく見ないと体がうずく国、イタリア。その熱き気持ちは、まぎれもなく恋なのである。

最長70日、最短4日、イタリア各地200ヵ所以上を見てまわっている私も、リピーターのひとりだ。実際、イタリアには何度行っても飽きないし、見るべき場所も尽きない。世界各国を回った後、断言できる。イタリアは世界最高の観光地だと。

イタリア恋わずらい歴40年近い私が、イタリアとの付き合い方を手ほどきするこの本で、老若男女、多くの方々のイタリアへの恋心をさらにヒートアップさせることができれば本望である。

イタリア、本能全開の旅、すべての道はローマから始まる！

第1章 ローマ

その1　永遠の娼婦

ローマは「永遠の都」だ。過去の遺産を元手に永遠に生き続ける。ローマは「虚栄の市」だ。魑魅魍魎《ちみもうりょう》の政治家と享楽的な映画人が跋扈《ばっこ》する。ローマは3000年の歴史を誇る古都だ。だが、古都の落ち着きにも侘《わび》さびにも縁がなく、常に名状し難いいかがわしさを漂わせている。恐らくローマは、永遠に現役の、それも超一級の娼婦なのだ。実際、今まで、数々の偉大な男たちを骨抜きにしてきた。

ゲーテもローマのとりこになったひとり。スペイン広場の近くにあるカフェ・グレコ(Caffe' Greco)は、1786年ゲーテが初めてローマに着いたときから毎日通いつめた喫茶室。その後もスタンダール、バイロン、アンデルセン、ボードレールなどが常連となっている。『甘い生活』の監督フェデリコ・フェリーニもローマにベタ惚れだった。

ローマは実に多くの映画の舞台に使われているのだが、なんといっても最高峰は『ローマの休日』。公開後50年も経っているのに、今もスペイン階段でジェラートをなめ、真実の口に手を入れて歓声を上げる観光客が引きもきらない（垂れ落ちたアイスクリームの汚れに業を煮やしたローマ市は、現在、階段でジェラートを食べるのを禁止している）。

初めての私のイタリア旅行ももちろんローマからスタートした。当時、ローマと東京を結ぶアリタリアは南回りで24時間もかかった。私が乗ったアエロフロートは計13時間のフライトなのだが、モスクワで1泊する2日がかりの長旅だ。その分感動も大きく、やっと着いたローマでは、いくら歩いても疲れなかった。

カフェ巡りも楽しみのひとつで、ヴェネツィア広場からポポロ広場までコルソ通りを歩き、『ローマの休日』にも出てきたカフェ・ロザーティ（Caffe' Rosati）で真っ赤な血の色をしたシシリー・オレンジの搾りたてジュースを飲む。またスペイン広場に戻り、イタリア最古のイギリス風ティーハウス、バビントン（Babington）で、紅茶とスコーンのおやつ。再び歩いてヴェネト通りへ。撮影所チネチッタを擁するローマには多くの銀幕のスターがいて、彼らを狙うパパラッチが出没するのもこの界隈だ。ここではカフェ・ド・パリ（Cafe de Paris）の歩道に置かれた椅子で、ピープルウオッチングをしながら本格派エスプレッソを飲む。

地図を片手にカンピドリオに辿り着くころには陽が落ちてくる。ローマは暮れなずむころがいい。現代人を乗せた薄汚れた車がせわしなく行き交う道のすぐそばにフォロ・ロマーノやコロッセオが超然と立ち続ける。永遠と退廃と都会の喧騒が３０００年の時空に混然と融合する。

ローマーノとの闘い

今は、東京、大阪からイタリアへ週20本もの直行便が出ていて、わずか12時間でローマの感動を味わうことができる。１８６１年まで複数の国に分裂していたイタリアは各地に異なった気質、文化や料理が存在している。ローマ人、すなわちロマーノのイメージは「抜け目ない」「調子がいい」「要領がいい」というもの。

そんなロマーノとの闘いは、レオナルド・ダ・ヴィンチ空港を出たときから始まる。私も毎回気を引き締めるのだが必ずだまされる。初めてのときは、バスがストでやむなく乗ったタクシーと料金で押し問答。メーターの2倍要求され文句を言っても、トランクに入れた荷物料金だの、日曜割り増しだのまくし立てられ、結局は押し切られる。

20年も前のことだが、「冷房付きベンツですよ」とハイヤーの運転手が言い寄ってきた。もちろんタクシーより高いのだが、そのころイタリアには冷房付きの車はほとんどなく、時は8月の猛暑。私は、1時間以上排ガスとほこり混じりの熱気にあたるのが嫌で「冷房付きなのね」と念を押して車に乗った。

型式は古いがベンツ、乗り心地は快適。運転手は窓を閉め冷房のスイッチを入れ車を発進させた。ところが10分走っても涼しくならない。汗が噴き出る。「ねえ、冷房もっと強くしてくれない」。もはや降車もできない車道に入っているので安心したのか、運転手は堂々と窓を開け宣言した。

「どうも壊れているみたいですねえ」

私は色をなして怒った。

「そんなのあり？　冷房あるって言うから乗ったんじゃない」

「へい、冷房はありますよ、これこのとおり」

彼はクーラーを指差して続けた。

「ただ、それが壊れてるというだけなんです」

日本人のとんまさは一朝一夕には直らない。数年後、友人と2名でレオナルド・ダ・ヴインチ空港に着いたとき格安の料金をささやかれ、つい白タクに乗ってしまった。二人だからと油断もしていたのだが、人けの少ない道路に入ると、「お嬢さん方、あの料金はひとり分ですからね。二人なんで倍ですよ」とおじさんが悪びれず言う。私はいきりたった。

「そんなことをするからイタリアが後進国って言われるのよ。警察に車の番号通報するわよ」。彼が豹変した。車を止めると、「ようがす、降りてもらいやしょう。それならただですからね」。

車を降りた彼はトランクから出した私たちの鞄を道端に投げ捨てて走り去ったのだ。鞄を捨てられたら、車を降りないわけにはいかなかった。茫然自失、もう夜の帳《とばり》が下り薄暗く、焦ってもいたので車の番号をメモすることもできなかった。「鞄を盗まれなかったのを幸いとしなくっちゃね」。私たちは、雑草生い茂る野原を鞄を引きずりながら歩き、お互いを慰めあったのだった。空港近くのホテルが見えたのが不幸中の幸い。20分余り歩いた末辿り着いたホテルで正規のタクシーに乗り、やっとローマへ入ったのだった。

あの手、この手の男たち

ローマでは親友のクララの家に泊まる。17世紀に建てられた彼女のアパートはテヴェレ川沿いの中心部にある。まずは、建物内に入る扉の鍵を開ける。イタリアの集合住宅には誰でもロビーに入れるような開放的エントランスはない。重い頑丈な扉を開け入った後、今度は自分の家の扉を開けなくてはならない。そこには鍵が3つも取りつけられ、各鍵を何度も回して開ける。彼女が持っている鍵束は優に2キロくらいある。イタリアの鍵っ子は一体どうしているのだろうか。そんな心配をするくらい鍵が多い社会だ。しかし、伝統芸（？）の技術水準が高いのか、どんな鍵を付けても泥棒が入り、金目のものを根こそぎ持っていってしまう。

ある夏の夜、友人たちと屋上テラスでパーティを楽しんでいたときのこと。12時過ぎ、お開きにして階下の住居に降りた私たちはびっくり仰天。絵の裏、壁に穴を開けて作った隠し金庫はからっぽ。大胆不敵にも泥棒は、家主が屋上でパーティをしている間に、カメラやテレビ、オーディオセットまで持ち去ったのだ。被害者のアドリアーナも慣れている。「おばあちゃんの形見の指輪だけは、絶対取り戻すわ」。こう言って数日後にポルタポルテーゼに出かけていった。ここは映画『自転車泥棒』にも出てきた盗品市。結構な確率で盗品が流れてくるので、運が良ければ盗まれた品物を買い戻すことができる。

地下鉄やバスで、ハンドバッグを切り裂き、中の財布だけを抜いていくテクニシャンも多い。不思議にお金を持っているときに限って被害に遭うと友人たちは嘆く。しっかりバッグを抱えているのが金を持っていると告白しているのかもしれないが、取られたのを気づかせない技術は一流だ。

家の前に停めた車を盗まれ悲嘆にくれている人のもとに、翌日無事、車が戻ってきた。中に手紙があり、「昨日はよんどころない用でお車をお借りしました。お許しください。

お詫びの印です」と話題のオペラの切符が2枚同封されていた。「しゃれた泥棒じゃないか」。喜んで指定日にオペラに出かけ、帰宅すると家の中がからっぽ。これも本当にあった話。さすがイタリア、泥棒もクリエーティブだ。

しかし悪いことばかりではない。女であればうまい汁が吸えるのもこの国だ。私は、クララ宅に居候中、日本に国際電話をかけるときは、交換手経由でかけて料金を教えてもらい清算するようにしていた。その交換手に思わずぐちったことがある。「ちょうど教会の鐘が鳴り始めて何も聞こえなくなったのよ。3分は損したわ」なんと彼はそれに応え、「そりゃ可哀想だったねえ。回線不良で処理しておいてあげるよ」と、顔も知らない私の電話代を気前よくただにしてくれたのだ（もちろん、しつこくデートにも誘われる）。

大手銀行に電話で換金レートを尋ねたときも同じだった。「僕は女性の味方なんだ。会いに来てくれたら絶対満足するレート出すよ」と職権乱用のナンパが始まる。実際この平社員氏、かなりレートをアップしてくれたのだ。顔も見ないで、ここまで女を甘やかしてくれる国はイタリアだけだ。素晴らしいのは、彼らの柔軟性（いい加減さ？）。

スリも泥棒も、だまし上手なタクシーも、つきまとう男たちも、ひとりひとりが個性的で、限りなく人間臭い。ローマ人もまた永遠なのだ。

その２　秘蔵の穴場

「すべての道はローマに通ず」。初めてイタリアに行く人に、私は、ミラノではなくローマから入ることをお勧めしている。喧騒、混沌、泥棒、パッパガッリ（女性につきまとう男性）――生命エネルギーと不動の永遠性――私たちのイメージにあるイタリアは、やはりローマに凝縮されているからだ。

ローマは、私に〝自由と寛容〟を教えてくれた街でもある。そのきっかけとなった強烈な光景は、今も静止画像のまま私の脳裏に鮮明に印画されている。１９８１年、季節は５月、時は午後３時半。ボルゲーゼ美術館に行くため公園を横切っていた私の眼にとんでもない光景が飛び込んできた。

こともあろうに、真っ昼間、ハイティーンのカップルがベンチで「こと」に及んでいたのだ。ジーンズを腿までずらした男の子の上にミニスカートの女の子がまたがり、赤毛を振り乱してのけぞっている。男の子のほうもまた、彼女の腰をつかみ前後に動かしながら、没我の表情を浮かべている。そして、そのすぐそばでは7～8人の小学生たちが夢中でサッカーボールを追っているのだ。なんという〝シュールな〟光景だろうか！　私は、夢と現実のはざまのごとき光景に魅せられ、しばし見入ったのだった。

見つめる私の足元には、麻薬用の注射器が2～3本ころがっている。私は深くため息をつく。ここは「何でもあり」の国だ。人々は、やりたいことをやり、自由気ままに生きていく。セックスをしているカップルのそばで、何事もないかのようにサッカーに興じる小学生。彼らもまた、個人主義を確立したイタリア人だ。誰もが好きに生き、他者の自由も許容する。そのとき、私は、人の目を意識して生きる日本的なくびきから解放され、身も心も軽くなるのを感じていた。今も、日本で、しがらみに押しつぶされそうになると思い出す。西日を浴びて歩を進めながら、不思議な幸せに満たされたあの日のことを……。

ローマの定宿、親友クララのアパートは、旧市街、つまり歴史地区に指定された場所にある。そこに進入できるのは、住民証明書をフロントウインドウに貼っている車とバス、タクシーだけ。建物にも安易な改築は許されていない。どんな小さな変更も、所定の役所に建築家の図面を提出して許可を取る。内装に関しては比較的規制がゆるいので、中に入るとびっくりするくらいモダンな家も多い。だが、異常にうるさいのが外観。修理の際も、昔ながらの製法で作られている材料を使い、往時に近い状態で建物を維持しなくてはならない。スローなお役所仕事のため、許可を得るまで時間がかかる。その間は、雨漏りにも耐えて待つ。当然、エレベーター設置の許可はめったなことでは出ない。伝統を守る犠牲は大変なものなのだ。

重厚な石造の建物は天井も高く、トランクを持ってクララの住まいがある4階まで上がるのは辛い。大理石の階段は真ん中だけがすり減って窪んでいる。窪みに足を置くと、数百年ここを上り下りした人々の存在に自分自身も連綿とつながっているのを感じる。

イタリア人は、美しい景観を守るためなら少々の不便はいとわない。街に看板の類はほとんどなく、上層階で営業するクリニックや美容院は、入り口の小さな表札を読んで確認しないと外からはまったくわからない。イタリアの景観法では、自然の景観も国民共有の資産だ。だから、イタリア人が日本を旅すると、水田のあちこちにまで無粋な宣伝看板が立てられているのを見てがっかりする。

鍵穴からの絶景

景観といえば、ローマには、ローマっ子秘蔵の穴場がある。そこは、ローマの中心から少し離れたアヴェンティーノ。クララは、ある日、その高台にある古い邸宅の前に車を停め、私に門扉の鍵穴を覗くように指示した。恐る恐る他人の家の鍵穴を覗き見た私は、驚きで息を飲んだ。眼前には、遠く離れたヴァチカン宮殿の全容が、まるで鍵穴で焦点を合わせたようにくっきりと浮かび上がっていたのだ。絵葉書かと見まがうばかりの完璧な美しさだ。

こんな遠い場所の、しかも鍵穴からヴァチカンが見えるなんて思ってもいなかった。ここはマルタ騎士団が所有する建物で、建築家がサン・ピエトロ寺院の高さや幅がぴったりフレームにはいるように、扉と鍵穴の位置を精密に定めたのだとか。かつて丘から見えた眺めを建物が遮ってしまうことへのお詫びなのか、景観を大事にするイタリア人らしい粋な心配りだ。

イタリアは、観光用の古い建物だけをスポットで残すのではなく、街全体の雰囲気を残そうとする。

やはり歴史地区にある友人シモーナのアパートは、窓を開けるとパンテオンの丸屋根が一望できる中世の建物だ。中庭をはさむ他の共同住宅も同じくらい古く、昔、ベランダにしつらえられていたトイレもそのまま各戸に残されている。眺望だけで中世にタイムトリップできる家、こんな環境にひとたび住むと、とても無機質な近代住宅には住めなくなる。

クララの家は2DKの70平方メートルだ。年金暮らしの彼女は、その家を口コミで短期賃貸して小銭を稼いでいる。短期間、ローマの歴史に浸って暮らしたい人に人気で、法王死去の際取材に来たロシア人ジャーナリスト、ブラジル人の新婚夫妻、さまざまな人が借りに来る。

私の友人も数人宿泊したのだが、美術史研究家、若桑みどり先生は毎年1〜2ヵ月単位で借りてくださっていた。滞在中は毎日図書館通いをする若桑先生と、やはり本好きなクララは、同い年ということもあって気が合ったのだろう。フィレンツェに資料探しに行かれるときは運転手役で同行していた。

普段は寝食を忘れ研究に没頭する若桑先生だが、週末は快楽都市ローマの美食を楽しんでいらした。幸い、昔ローマで最も格式が高い老舗ランジェリーショップのオーナーだったクララは、おいしいレストランをいろいろ知っている。先生も喜ばれたようだが、毎回お相伴にあずかるクララもその日を楽しみにしていた。

クララのお気に入りは、味も眺望もローマ随一のレストランであるヒルトンホテル内のラ・ペルゴラ（La pergola）。イタリアで数少ないミシュラン3つ星を獲得した有名店。シェフがドイツ人という意外性でも話題を呼んだ。もうひとつは、最近2つ星に昇格したばかりのイル・パリアッチョ（Il pagliaccio）。市内のカンポ・ディ・フィオーレにあるので、観光がてら立ち寄れる。

もちろん大衆的でおいしい食堂も数多くある。お勧めはローマに多いユダヤ料理店。アーティチョークを丸々フライにしたカルチョーフォ・フリットは、さくさくしていて蕗《ふき》に似た苦味もあり、やみつきになる。

クララの家の賃貸価格は当時の価格で月額約16万円だった。イタリアは都市部やトスカーナ別荘地などの不動産価格が急騰しているので妥当なところだろう。外国人に貸すのは、居座られないためと、家賃収入を表に出さないためである。しかし、家賃を踏み倒して祖国に帰った人も二人いる。1回目のときは「家の備品を盗まれなかったのを幸いとしなくっちゃね」と言っていたクララも2度目以降は懲りて、日本人にしか貸さない方針に変えた。

家を貸している期間、クララは友達の家に居候を決め込む。ベビーシッターをしたり、子供に英語を教えたり、老人のために病院やダンス教室の送り迎えをしたり、さまざまな活動をして生活費を稼ぎ出す。クルマで小一時間の山奥にある湧水井戸にも月2度ほど出かける。タンクに水を汲み、提携している数軒の家庭に届ける。市販のミネラルウオーターより安くておいしいと人気で、固定客もついている。彼女は、あの手この手の小銭稼ぎで足りない年金を補いつつ、時には海外にも出かけ、楽しい年金生活を送っている。こんなタフな生き方ができるのもローマっ子の特徴。

国と個人の泥棒合戦

彼女の家にいるときには、朝、教会の大きな鐘の音で目覚める。窓を開けるとすぐ前にあるのは16世紀に建てられた教会だ。眼前に白大理石の彫像が迫ってくる。ローマにいる喜びが溢れる瞬間だ。鐘の音がクルマの騒音を消し、抜けるような青空に吸い込まれていく。しばしうっとりと景色を眺めているとき、外から窓に引き入れられている不思議な電線が目に入った。

窓から電線？　いぶかる私に彼女は悪びれもせず得意そうに言う。

「電力会社に勤めてる友人が工事してくれたのよ。途中から電気を取ってるから請求できないのよ」

「それって盗電って言うのよ。ここはインドなの？」

驚く私に彼女は言う。

「国と個人の泥棒合戦よ。国のほうがずっと大がかりな泥棒なんだから」

イタリアは国民投票で原子力発電を止めたので、電力が足りず、フランスの原子力発電の電気を買っている。そのため電気代は欧州で最も高い。イタリア人は、暗いスポット照明を好み、電気はこまめに消す。あらゆる部屋に煌々《こうこう》と電気をつける生活に慣れた私は、しょっちゅうヒューズを飛ばしてクララに叱られる。ともかく国をあざむくのに一切の痛《つう》痒《よう》を感じないイタリア人。電力会社の友人が友達の輪つながりで、密かに盗電の裏工事をし、アルバイト収入にもしている。いかにして表に出ない収入を得るか、皆、必死で智恵を絞っている。クララは言う。「脱税じゃなく、自助努力と呼んでちょうだい」。ユーロ導入で庶民の生活はどんどん苦しくなっていると聞く。だが彼らのことだ、きっとさまざまな工夫をこらして、貧乏でも楽しく生きているのだろう。

こんな国に日本人が住むとどうなるか。私の友人は、退職金でローマにアパートを買い、歴史を学びつつ暮らしている。

彼女は家を買った後、管理組合の知らせを読んで気づいた。まもなく20年ぶりの大がかりな改装が始まり、各戸がばかにならない金額を負担しなくてはならないのだ。急ぎ、近場で営業している弁護士のもとに駆けつけた。弁護士は売買契約書を読み、「定期的な改修がありますとちゃんと書いてあるじゃないですか。金額は書いてありませんが、これにサインした以上、裁判をしても勝ち目はありませんね」と実にすげない。やり場のない怒りを抑えて、相談を打ち切った。この部屋に入って40分が経っていた。弁護士は言った。

「相談料は1時間分の最低料金で200ユーロ（当時約3万2000円）です」

腰を抜かしそうになった。なけなしの金を払い、領収書を要求したところ、弁護士先生、いけしゃーしゃーと、「領収書をお出しするのでしたら、2割増しになりますがよろしいかな？」とうそぶく。つまり正規の売り上げに計上すると、客も消費税20％分を払うことになるぞと脅しているのだ。

もちろん、目的はこの収入を申告せず、丸々自分のポケットに入れるためだ。平均所得が日本より低いのに、イタリア人がリッチなヴァカンスを1ヵ月も満喫できるのは、闇収入に負うところが大なのだ。領収書をもらわなかった客も、消費税脱税の罪に問われるので何も言えない。家に来る水道工事人も大工も、そしてかかりつけの歯医者も、同じ理由で領収書を出さないが、法の番人である弁護士までが堂々と脱税を公言するなど日本では考えられないことだ。

帰路、彼女はありとあらゆる罵り言葉を口に出し、やり場のない怒りを放出した。「ヴァ・ファン・クーロ（けつでも掘りに行け）」、「ポルコ・ジューダ（豚野郎のユダ＝こん畜生）」。不思議なことに、罵詈雑言とともに少しずつ怒りもおさまってくる。

その彼女、ある日の午後、横断歩道を渡っているとき、オートバイにひっかけられてしまった。救急車が到着した。住民には無償のサービスだが、被害者が外国人なので旅行者だと見て取ったのだろう。救急隊員、まわりを見回して数回繰り返した。

「キ・パーガ？（誰が払うんだ？）」

オートバイの青年も無言。彼女、道路に倒れたまま弱々しく答えた。「パーゴ・イオ！（私が払います）」。即座に救急車に乗せられ病院へ搬送。

その後がまたイタリア的。頭と腕を強打し、腫れ上がった状態で通った医師の診断書は保険請求に何の効力ももたない。加害者の保険会社の指定医のみが査定できるという不条理な制度なのだ。そうなると当然被害を過小評価されるので、被害者も自分で専門の指定医を選び、診断書を書いてもらい自衛する。それまでの費用はすべて自分持ち。事故から6ヵ月、相手側の保険医は忙しく、彼女はまだアポにこぎつけていない。

罵詈雑言も愛の言葉も

車を盗まれたことは3回。泥棒に金品すべてを持ち去られたことも1回。スリ被害は無数。彼女は、毎日頭から湯気を出して怒りつつ生活しているのだが、それでもローマに住み続ける。

広がった友達の輪で、夕食、ヴァカンス、いつでも気軽に招待してくれるオープンなイタリア人、ボランティアの考古学研究者たちが説明しながら案内してくれる夕刻の遺跡めぐり。彼女が1年前までお金持ちの社長のおごりで頻繁に夕食に行っていたレストランがある。社長がローマにあった会社を閉鎖して郷里に帰ったため、この高級レストランへの足も遠のいていたのだが、1年ぶりに用事で近くまで出かけた際、なつかしくなってひとりで夕食をとった。

名前も知らないオーナー、彼女を認めると駆け寄りハグしながら言った。

「久しぶりだねえ、随分顔を見せないから心配してたんだよ」

そして、支払いの段になると、「あなたと再会できた嬉しい日です。今日は私の招待です」と決してお金を受け取ろうとしない。そうするとまた来てくれるとの計算もあるのだろう。ローマはこんな人間的な触れ合いに満ちている。

「古代ローマ人もきっと毎日怒りながら過ごしていたと思う。でも、イタリア語には罵詈雑言も愛の言葉もいっぱいあるから、何でも思ったことをすぐ口にできる。それでストレスも発散できるのね。まずいのは日本よ。怒りも愛もなかなか口にできないし、言われたほうも根に持つから、みんなどんどん内にこもって鬱になるのよ」

彼女は、今日も喜怒哀楽を全開にして、ローマでの生活を謳歌している。

第2章
ミラノ

その1　最後のピエタ

ロンバルディア州は、イタリア北部、ポー川のまわりに広がるポー平野にある。州都はミラノ。トリノ、ボローニャと並ぶ欧州屈指の豊かな街である。日本に似て山が多いイタリアにとって、ポー平野は貴重な農地でもある。二毛作、三毛作も可能な肥沃な土は多くの農産物を生み、パヴィアやヴェルチェッリでは、米作も盛んに行われている。

イタリアの北部ではパスタより米（リゾット）をよく食べる。サフランで黄色く色付けしたリゾットは、ミラノ風カツレツ（コトレッタ・アッラ・ミラネーゼ）と並ぶミラノ料理の代表。サフランも高級食材だが、金満家が多いミラノらしく、シャンペンで煮込んだリゾットも人気料理で、あっさりした繊細な味は日本料理を彷彿《ほうふつ》とさせる上品さにあふれている。

おじやに似たリゾットは、フライパンでスープを作り、そこに生米をばらばらと入れると、あとはふたもせず、ひたすらかきまぜて作る。パスタと同じく、リゾットも〝アルデンテ（少し固め）〟に仕上げるのが本場の味だ。

イタリアで修業した有名な日本人シェフが思い出話をしてくださった。彼は、20年前、日本でリゾットを供したご婦人にテーブルまで呼びつけられて説教されたという。

「芯が残っているごはんを平気で客に出すなんて！　あなたには、料理人の誇りはないの？」

ナポリタン・スパゲッティがイタリア料理だと思われていた時代だ。彼は「これが本場の味なんです」と抗弁したいのを抑え、黙って頭を下げたという。それだけではない。若いガールフレンドを連れて来店したおじさんは、スパゲッティを食べながら「ライス」をご注文。「ありません」というと、「白米も炊かないでレストランやってるのか」と激昂されたとか。今、ミシュランの星を獲得したイタリア料理店は、ミラノより東京のほうが多い。まさに隔世の感がある。

イタリアの米と聞いて、すぐ『にがい米』を思い出すのは戦後世代の人たちだ。これは、『自転車泥棒』や『鉄道員』などと並ぶネオレアリズモ映画の傑作で、前述のヴェルチェッリが舞台になっている。公開された1952年というと、日本がやっと戦後の混沌から脱却し始めたころだ。ある日本の大物政治家は、イタリアの国賓を迎えた席でこんなスピーチをしてイタリア人からやんやの喝采を浴びた。

「イタリアと聞くと『にがい米』の〝苦い思い出〟が蘇ります。女優シルヴァーナ・マンガーノのあのぴちぴちの太腿が、大学生だった私の頭から離れず、勉強がまったく手につきませんでした。私が落第したのは、イタリアのせいなのです」

実際、あのシーンは強烈だった。出稼ぎの若いイタリア女性たちが、ブルマーや短くたくしあげたワンピースから、健康的な太腿を惜しげもなく晒して田植えをしていたのだ。ヌード写真もなかった時代だけに、日本人男性には悶絶のセクシーさだったことは想像に難くない。

ネオレアリズモ映画で忘れてはならない人が、監督ルキノ・ヴィスコンティ。13世紀からミラノを支配下に置いていたヴィスコンティ家の末裔である。徹底した耽美主義者で、撮影用の家具調度品から宝石、衣装に至るまで本物の名品しか使わなかった。『山猫』や『ルートヴィヒ』に重厚さを醸し出している貴族的美意識は、彼の中に流れているDNAそのものなのだ。類稀《たぐいまれ》な知性を持っていた彼は、美少年フェチでもあった。自分の映画に起用したアラン・ドロン（『若者のすべて』）や、ビョルン・アンドレセン（『ベニスに死す』）など、美しいだけで中身がない男に入れあげていたのは有名だ。

ヴィスコンティ家の居城だったのがスフォルツァの城（スフォルツェスコ城）。現在もミラノの中心部に広大な場所を占めている。昔はヴィスコンティ城と呼ばれていた城は、最後の君主ジョン・ガレアッツォ・ヴィスコンティの幼い息子が死んだ15世紀半ばにスフォルツァ城と名を変えている。イタリア版徳川家康のような娘婿が「待った甲斐があった」とばかり、一帯の統治権も財産もすべてスフォルツァ家の所有に移し変えたからだ。今はミラノ市立博物館として使われ、世紀の傑作、ミケランジェロの遺作、未完のピエタが、ここに展示されている。

ピエタとは慈悲、慈愛のことで、降架されたキリストと聖母を描いた作品のタイトルでもある。生前ミケランジェロは3つのピエタ彫刻を残している。最大の傑作は、20代半ばに制作したローマ、サン・ピエトロ寺院に展示されているピエタ。クリーム色の大理石が、マリアのふっくらとした肌や衣服のひだなどを、石とは思えぬ柔らかさで表現している。天才にしか造れない、非の打ちどころのない完璧な作品だ。二つ目はフィレンツェ、これも完成に近いが未完ということになっている。そして最後の作品が、スフォルツェスコ城の市立博物館に収蔵されているロンダニーニのピエタである。

涙あふれて

１９７３年３月16日、私は、この作品を見るためにスフォルツェスコ城に赴いた。ところが、訪れた日、広場に面した大きな正門は固く閉ざされ、そこに「建物修復中のため4月まで休館」との貼り紙がある。私はそのまま引き下がる気になれず、意を決して門の呼び鈴を押した。

「何の御用ですか」

不機嫌な声が小さなスピーカーから流れてきた。私はたどたどしいイタリア語で訴える。ここで流暢にしゃべると、イタリア人と同様に冷たく扱われてしまう。

「私、日本から来た。ちょっと話したいことある」

ほどなく重そうな鍵束を持った小柄なおじさんが現れて門を半開きにしてくれた。紺の制服を着ているので当直の人なのだろう。ここで私は必死でまくしたてた。

「日本から、ロンダニーニのピエタを見るためにやってきました。働いてお金を貯めてやっとここまで来たら休館。実物のピエタを見るのが、長い間の夢だったのです。なんとか一目見せていただけないでしょうか」

海外旅行に大変なお金がかかった時代だ。かわいそうに思ったのか、このおじさん、「わかりました。特別にお見せしましょう」と私を中に入れてくれたのだ。勝手に規律を乱すのは良くないことなのだが、イタリア人のこんな人間的な柔軟性が、イタリアという国の魅力を増すのである。

私は、終始無言で足早に歩くおじさんを追う。資材が散らばる雑然とした美術館の部屋をいくつも横切り、ぽつんとピエタが置かれた部屋に着いた。稲妻に打たれたような感動が全身に広がる。荒削りの状態が更なる迫力を醸し出している。亡くなる2年前、この作品を制作していたミケランジェロは、ほぼ目が見えなくなっており、触って形を確かめつつ、死の6日前まで彫ったという。腰も曲がり歩くのがやっとの状態の彼が、手探りでのみをふるう姿は、想像するだけで鬼気迫る。ただ黙って見つめている私に、おじさんは訥々《とつとつ》と説明してくれる。

彼は、私をまず像の右側に誘った。聖母がぐったりとしたキリストを両の腕に下げるように抱き、嘆きに沈んでいる。死せるキリストは、母にその身を委ねている。今度は左側にまわる。驚いたことに、先ほどとは反対に、キリストの左足に力が入っている。今度は、キリストのほうが、しっかりと大地を踏みしめ、身をもたせかけているマリアを背負っている。キリストの右足と左足の状態を変えることで、像の両側を、まったく異なった構図に仕上げているのだ。

「この像は、親子の本質を見事に突いています。世界中、どの国でも、親子は、頼り、頼られ、支え合って生きているのです。たとえ2歳の幼子でも、実は母をしっかりと支えてくれているものなのですよ」

神々しいまでに完璧な美しさを誇っていたローマのピエタより、さらに大きな感動が私を包む。形も定まらぬ石像に、若き日の野心も消え無心にピエタに向き合うミケランジェロが投影されている。

やがて、雑然と工具が散らばる部屋が彼のアトリエのように見えてきて、私の前に幻視のごとき人影が浮かび上がった。キリストの足に張り付くようにして無心にのみをふるうミケランジェロだ。灰色の人影は一瞬で消えた。

時が経ち、私は美しく整備された博物館で同じ作品を数度見たのだが、涙が溢れてくるほどの感動を受けたのは、あのときだけだった。

満月の夜の告白

そして、そのピエタの感動には及ばないものの、私の人生で最もドラマチックな口説きを受けたのもミラノだ。年間を通じて数多くの国際展示会が開催されているミラノは、いつもビジネス客が溢れている。有名な見本市は、ファッション・コレクションの〝コレツィオーネ・ミラノ〟、衣料素材展の〝ミラノ・ウニカ〟、世界最大の家具見本市〝ミラノ・サローネ〟など。このときは、文字どおり、世界中のバイヤーが集結し、ミラノの賑わいが一層増す。

それは花冷えの4月初旬、満月がミラノ・ドゥオーモ（大聖堂）のゴシックの尖塔を煌々と照らす夜だった。

その年、友人の有閑マダム、ミリーが初めてミラノの国際毛皮見本市〝コミスペル〟に出品することになり、私は、ブースの手伝いをするため日本からミラノに飛んだ。見本市の間は、仲間やお客たちと毎晩のように夕食に出かける。イタリア人は友達の輪を広げるのが実に上手で、誘い、誘われ、いつの間にか参加する人数が膨れあがる。知らない人も平気でジョインする。その夜もミリーの仲間たち9人が集まって、いつもどおり大騒ぎ、大笑いで夕食を終えた。その後、私たちは、楽しさの余韻を引き伸ばすかのように、一緒にドゥオーモまで歩き始めた。

折からの満月で明るく照らされた広場には、12時近いというのに大勢の若者たちがたむろしていた。私たちは広場から階段を2～3段上がり、聖堂の大扉前、平たい舞台のような場所に着いた。そのときだった。中のひとりジュリアーノが両腕を横に伸ばし、着ていた紫色のマントをいっぱいに広げたと思うと、それでふわりと私を包みこんだのだ。そして朗々と響く声で高らかに宣言した。

「寒いときにはあなたを包み、暑いときには日差しをさえぎる。北風からも雨からも、そしてひとりぼっちの寂しさからも、あなたは永久に守られる。私のマントはあなたのシェルター。あなたは私の宝物！」

突然のことに戸惑う私をよそに、広場にいた若者たちは、この愛の告白に口笛と拍手でエールを送ってくれた。

ジュリアーノは、肌のゆるみが男の色気を醸し出す年齢にさしかかっているのに、澄んだ茶色の目に子供のようなあどけなさを残している独身の彫刻家。彼はミリーの古い友達で、私とは数日前の夕食会で初めて会った。つまり2度会っただけでこの告白なのだ。

ここで私も芝居がかった口調で応えた。

「あー親愛なるジュリアーノ、残念だけど今は風も日差しも寒さもないわ。恋人もいるから全然寂しくないの。だからマントはいらないわ」

言いながら、私はマントからするりと身をかわし外に出た。イタリア人らしいジョークだと思っていたのだが、なんとジュリアーノは、マントを脱いで手に持つと、肩を落として無言でひとり去っていってしまったのだ。

残った私たちは唖然としていた。ひとりが言った。

「そういえば、あのマント、4月にはちょっと厚すぎないかって思ってたんだ。イスラエルだったか、インカだったか忘れたけど、そこの結婚式は、マントで花嫁を包んで一生守るって宣言するらしいよ。きっとあれは、彼なりの結婚の申し込みだったんだよ」

翌日、見本市も終わり、私はさらに10日近く各地を旅して、帰国が近くなったころ再びミラノに戻った。ミリーが私の帰りを待ちわびたようにホテルに訪ねてきて、出発前に一目ジュリアーノに会ってやってくれと頼んだ。

「せめてさよならを言ってあげてよ。あの夜から彼、家に籠もりきりで電話にも出ないのよ」「わかったわ、私も彼に謝りたいと思ってたの。まさか、本気だとは思わなかったから、不用意に傷つけちゃったわ」

私たちは小一時間も車で走り、彼の家に着いた。芝生の広い庭に設置してある4体の等身大の女性裸像が目を引いた。ミリーが言った。

「これみんな彼が昔愛した女性たちなのよ。クミコは5体目になってたかもね」

私は震え上がって答えた。

「えー？　ここで永遠にただで裸を晒すわけ？　裸見せるならせめて入場料くらい取ってほしいわ」

私たちは、何度もブザーを鳴らしたのだが、結局その日ジュリアーノの家の扉が開くことはなく、世紀の告白劇はこうしてあっけなく幕を下ろした。

帰路、ミリーがつぶやいた。

「芸術家ってみんなルナティック（狂気の＝月のような）だからね」

そう言われて気づいた。狼男が変身するのも満月の夜。西洋では月光が正気を失わせると信じられている。きっと彼もあの夜の満月に狂ったのに違いない。

今もミラノでドゥオーモを見ると、私の脳裏に鮮やかにあのときのことが蘇る。紫色のマント、マントの中の彼の体温と鼓動、そして彼の頭上で光輪のように光っていた月……狂気か正気か定かではないが、「守ってあげる」と言ってくれた人は彼が最初で最後だった。考えてみれば、女性が男性に求めるのは、それにつきるのだが、若さとは残酷なもので、私はそんなことにも気づかなかった。

そして、今、しみじみ思う。時に狂気になれる男ほどいとおしい。

その２　さらば栄光の日々

イタリア随一の豊かさを誇る街ミラノ。そこでリッチなミラネーゼを観察したければ、フォーシーズンズホテルのダイニングやスカラ座に行くといい。彼らが発する上品で優雅なオーラには思わずため息が出るだろう。ただし同じミラノの金満家でもいささか品格に欠けるのが新興成金。代表格は08年4月の総選挙で再び首相の座に返り咲いたベルルスコーニだ。一介の銀行員の息子だった彼は、歌手やセールスマンを経て、今や建設、メディア、流通を牛耳る大金持ち、サッカークラブＡＣミランも早々と手中にした。

彼は、71歳の今も増毛や皺とり手術を繰り返すほどナルシストなのだが、ＡＣミランがリーグ優勝したときのスタンドプレーは明らかにやりすぎだった。なんと彼は主役たる選手を差し置き、サンシロ競技場の真ん中にヘリコプターで乗りつけ、紺のカシミアコートに白のロングマフラーをなびかせてピッチ中央に降り立ったのだ。その姿に、〝虚栄の市〟ミラノの象徴を見た思いを抱いたのは私だけではないだろう。

私がイタリアに最も足しげく通った70年代から80年代は、ちょうどイタリアの激動期にあたっている。右派左派入り乱れての無差別テロ、誘拐、労働争議が頻発するイタリアは、「ヨーロッパのお荷物」と白眼視されていた。しかし、どんなに社会状況が悪化しても、ミラノの金持ちたちが享楽的な生活をやめることはなかった。

彼らの実態を目のあたりにしたのは、ミラノの友人夫妻に連れていってもらった高級レストランだ。入り口の頑丈な鉄扉を見たときは、ここがレストランだとは到底思えなかった。友人が隅にある呼び鈴を鳴らすと、扉上部の小さな窓が開き人の目が覗いた。ガラス越しに客の顔をチェックした後、アンサーフォンから「予約ワードをどうぞ」と声がする。友人は、電話予約時に伝えられた暗号ワードを答える。「テヴェレ」。やっとのことで重い扉が開き、私たちは店内に招き入れられた。

そこには、テロやデモで騒がしい外界とはまったく違う別世界が広がっていた。ワイン色のビロードの壁紙とペルシャ絨毯のインテリア。テーブルに置かれた銀のキャンドルスタンド、ほの暗い明かりの下、着飾った人々がシャンペンや高級ワインで優雅な食卓を囲んでいる。実は数週間前、このレストランを突然武装した集団が襲い、食事中の客全員の手を上げさせた上、財布から時計、女性たちの指輪やネックレス、ハンドバッグに至るまで、金目のものを瞬時に奪い取って逃げる強盗事件があったのだ。それが契機で、店側は急遽現在のシステムを取り入れ、客を厳しくチェックして入れるようになったという。私を招待してくれた夫妻は、食卓で自虐的につぶやいていた。

「多分、イタリア人ってタイタニック号で舞踏会に興じていた乗客と同じなのよ。乗っている船が沈みかけていることに気づいてないのよね」

確かに、そんな事件があったというのに、この店は満員の盛況だ。金さえ使えば防御も可能。金満家の客たちは、鉄扉に守られ今までどおりの優雅な生活を続けていた。

私は答える。

「乗っている船が沈むのが運命なら、怖がって死ぬより踊りながら死ぬほうが利口よ」

イタリア国鉄事情

国民は豊かだが国は貧しい。そんなイタリアの航空会社アリタリアは、長年存続の危機に立たされてきた。基盤強化のため提携先を模索しても、莫大な赤字と強すぎる労働組合がネックとなり、どこも二の足を踏んだ。同社は2008年8月末、ついに民事再生法を申請、破産手続きに入った。4ヵ月後、16社のイタリア企業連合が優良資産を買い取り新会社を設立、国の威信でもあるアリタリアという社名だけは何とか死守することに成功した。その後2009年1月には、エールフランスKLMに25％の株を売却、嵐の中を離陸した新会社は、今後も波乱含みの運行を強いられそうだ。

思えば、アリタリアは実にイタリアらしい会社だった。パイロットの個人芸である操縦テクはぴかいちなのに、集団になると問題が噴出する。フライトの遅延や運休、スト、平気で客を口説き、仲間とのおしゃべりに余念がない客室乗務員。機内は、これぞナショナル・フラッグシップという雰囲気に溢れていた。

今後、新会社は赤字削減のため、日本―ミラノ便を含めたフライトの大幅削減を進める。ミラネーゼたちは、観光やビジネスに悪影響が出るのを真剣に危惧しているが、実際、イタリアの国内移動は列車を使わなくてはならないケースも増えるだろう。しかし、陸路の旅も悪くはない。飛行機より列車、空港より駅のほうが旅の情緒が味わえるからだ。

とりわけ駅は、さまざまな人間模様をかいま見ることができる劇場だ。不思議なことに、イタリアでは、この劇場、すなわち駅に改札がないのだ。誰でも自由に入場できる。ということは、切符なしで列車に飛び乗れるし、運良く車中の検札に出合わないで済むと無賃乗車ができるのだ。市民の良心を信頼しているのだろうが、国をあざむくのに一切の痛痒を感じないイタリア人には、「渡りに船」の甘い誘惑。赤字の増大に業を煮やした国鉄は、ホームに打刻機を設置し、乗車前に自分で打刻することを義務付けた。たとえ切符を持って乗車していても打刻していないと罰金を取られてしまうし、滑り込みで駅に入り切符なしで飛び乗った客も、悪意のただ乗り客と同様に扱われる。罰金は、距離にかかわらず一律5000円近い高額だという。くれぐれも注意してほしい。

日本の鉄道会社のシステムを学ぶために来日したイタリア人技師は、東京の巨大駅にずらりと並んだ自動改札機と、そこを猛スピードで通り抜けていくラッシュアワーの群集を見て「まるでSF映画みたいだ。イタリアにこんな日は来るのだろうか」とため息をついていた。そのときから10年近い月日が経ったというのに、イタリア国鉄の駅に改札機が設置されたというニュースは聞かない。実は、ミラノの地下鉄には自動改札機も登場したのだが、保守が悪く大半は故障中のままで使われていない。無賃乗車は相変わらず多発している。

もちろんイタリア国鉄も進歩する。IT設備の設置が各駅で進み、ネットで席の予約もできるようになったのだ。昔、指定券は、出発の数日前までに駅に赴き、長い行列をして買わなければならなかった。その指定席もほんの一部、大半は予約なしの自由席だった。だから折角1等の切符を買っても、満員だと数時間通路に立ったまま過ごすこともざらだった。25年前、フィレンツェからミラノ行きの列車に乗ったときもそうだった。

その日は2等も1等もひどく混んでいた。コンパートメントの中を扉のガラス越しにチエックしながら通路を歩いていたところ、ある車両で、4つの頭しか見えないコンパートメントを見つけた。ミラノまで4時間余り、やっと座れる喜びで勢いよく引き戸を開けた私は、その瞬間、8つの鋭い目に射すくめられ、ぎごちなく固まった。4人のうち窓側に座った男二人の両手は手錠でつながれ、隣には制服警官がぴったりついている。

怖い、しかし、座りたい。私は恐る恐る尋ねる。

「ポッソ？（座っていいですか？）」「お嬢さん、見ておわかりでしょう。凶悪犯の移送中なんで遠慮してください」

警官の答えはにべもない。私は抗弁した。

「はぁー？　凶悪犯が1等で座って、ちゃんと料金を払った私が立っていなくちゃならないんですか？」「そのとおりです」

端正な顔をした警官は、取り付く島もなく答える。その時だ。

「ねえちゃん、これさえなければ俺の膝に座らせてやるのによぉ」

二人の中の年長の男が、ヤニで茶色くなった歯を見せながら、手錠付きの両手を膝で上下させた。マフィア映画に出てくるようなシチリア方言でこう言われると、私も震え上がって引き下がるしかない。

そういえば、このときは、行きの列車でも怖い思いをしていた。早めに着いたミラノ駅で、まだ乗客もまばらな列車に乗り込みコンパートメントを開けたところ、青白い顔をした若者が自分の腕に麻薬を注射していたのだ。私が入っていっても据わった目は針先だけを見つめて動かない。その時も震え上がって遠くの車両まで逃げたのだった。

君の名は

さて、ミラノの玄関といえばミラノ中央駅。初めてこの駅を見る人は、ローマ帝国を彷彿とさせる荘厳かつ壮大な駅舎に圧倒される。イタリアの国力を内外に誇示したいムッソリーニが熱心に建設を推進し、1931年に完成したこの建物、ヨーロッパ最大の駅舎となっただけでなく、フランク・ロイド・ライトから「世界で最も美しい駅舎」と賞賛される栄誉まで獲得した。

諸事情で2度もコンペをやり直して選ばれたのは建築家ウリッセ・スタッキーニの設計案。アッシリア・ミラノ様式と名付けられた建築様式は、アールヌーボーとアールデコがミックスされた独自のスタイル。建物の屋根に使われた340メートルの鉄製アーチ、200メートルのファサード、高さ72メートルのボールト屋根、いずれも当時の最大記録だ。だが内実、イタリア政府は建築費の捻出に四苦八苦していたようで、よく見ると壁の下部は本物の大理石だが、目が届きにくい上部はセメントに模様をつけた〝なんちゃって大理石〟、フリーズ装飾も石膏で代用している。現在3年越しの修復工事が行われているので、もしかすると全面大理石で蘇るのかもしれない。完成予定は2008年なのだが、イタリアでは予定はあくまで予定。正確にはいつ出来上がるかわからない。

だが暮れも押し詰まった師走に、ミラノ駅のあるホームだけは突貫工事で無事完成にこぎつけた。夢の超特急の開通式を実施するためだ。

イタリア新幹線は、産業の中心地ミラノと政治の中心地ローマ、約600キロを2時間半で結ぶ構想のもとに計画された。現在、フィレンツェとボローニャの区間が工事中のため3時間半かかっているが、完成する2009年12月には3時間、2011年には2時間半で結ばれるはずだ。この超高速列車フレッチャ・ロッサ（赤い矢）が2008年12月14日、派手な式典の中、ミラノ駅を16時20分に発車、200キロ南のボローニャ駅に65分後に到着した。

最高速度300キロ、平均速度200キロ、日本の新幹線に後れを取ること44年、すべてを国内技術で実現したのが何よりの誇りらしいのだが、初運行で15分もの遅れを出してしまった。イタリア側は「わずか15分の遅れで予定どおり到着」（？）と手放しで自画自賛している。日本なら、初列車に「15分もの」遅れを出した責任者が更迭されるのは必至だ。

この新幹線をスムーズに走らせるため、既存のローカル線はミラノ中央駅から追い出されたり、大幅に本数が減らされたりしている。近距離列車通勤者をなおざりにする新幹線優先の姿勢には批判が集まっている。実際、開通の日、ミラノ駅に到着する在来線の列車は、待機などで大幅の遅れを余儀なくされていた。通常なら「○○分遅れ」と到着時間を表示する電光表示板に、その日、のきなみ「到着時間未定」の表示が出ていておおいに笑えた。遅れくらいはいいが、この新線の工事ですでに8人もの人が亡くなっているのには驚いた。明らかに安全管理の不備だ。

イタリア最大のハブ駅であるミラノ駅には24本もの引き込み線ホームがある。ホームは広い階段を上った上階にあり、ホーム前のコンコースには大きな船の石造彫刻が置かれていた。そして、この船は、広大な駅内で恰好の待ち合わせスポットとして使われていた。

それは、私がミラノからローマへ列車の旅をする前日のことだった。昼食を一緒にとったイタリアの友人が、翌日ミラノを発つ私に提案してきたのだ。

「ちょうどいい。僕の妹も、明日ローマのおばあちゃんに会いに行くんだ。君と同年代で、すごーく楽しい奴だから一緒に旅すると退屈しないよ。彼女もきっと喜ぶよ」

願ってもないことだ。私は自分の列車の出発時刻を知らせ、翌日、乗車10分前に船のへさきの部分で彼の妹と会うことにした。飛行機で着いたためミラノ駅をよく知らない私は、早めに駅に着いて船を探した。指示されたコンコースの端から端まで歩いたのだが、船が見つからない。

途方にくれて駅員さんに尋ねた。「あのー、ここに船があるって聞いたんですけど」。駅員のおじさん、にやりと笑って私に言った。

「船なら昨日出航したよ！」

「出航？」

私の驚いた顔に、おじさん、今度は真面目な顔で「昨日、撤去されましたよ」と答えてくれた。よりによって、撤去の翌日、顔も知らない人と待ち合わせた不運を嘆くが、この雑踏では見つけようもない。座席も1等の自由席なので、車内で会えるかどうかもわからない。容赦なく出発時間が近づき、私は仕方なくひとり列車に飛び乗った。

出発して30分足らず、長い金髪を無造作に後ろでまとめた女性が通路から中を覗いているのが見えた。私たちはガラス越しに見詰め合い、「クミコ？」「フィオーレ？」と、ほぼ同時に唇だけを動かし互いの名前を呼び合った。私と彼女は、そこで初対面にもかかわらず感動の抱擁をしたのだった。コンパートメントをひとつひとつ見回って私を探し出してくれたフィオーレは、「あなたが日本人じゃなければ、このまますれ違いで一生会えなかったんでしょうね」と感慨深げにつぶやいた。車中、旧知の仲のように親しくなった私たちは、この出逢いを心から喜び、これをきっかけに、私たちはミラノでも会うようになった。

携帯電話が普及した今、『君の名は』のようなすれ違いは起こらなくなったが、待ち合わせに緊張感がなくなった分、出逢えたときの喜びも減っているような気がしてならない。喜びだけではない。旅行が手軽にできるようになり、別れの切なさも減った。ローマ駅だけを舞台に、一組の男女の出逢いから別離までの哀愁を見せてくれた『終着駅』のような名画ももう作られることはないのだろう。ちょっと寂しい。

ミセス・ユニヴァース日本代表⁉

ファッションの中心地ミラノには、華やかな業界人が多く集まる。

１９７６年、そんなミラノで、私にとんでもない提案が舞い込んできた。夕食会で知り合った広告代理店の社長から〝ミセス・ユニヴァース〟に出ないかとのお誘いを受けたのだ。そのとき私は26歳、まだ独身だったのに、いきなりミセス・ユニヴァースと言われむっとしたのだが、ミセスはフランス語の〝マダム〟。ミス、つまりスィニョリーナの「お嬢さん」ではなく〝スィニョーラ〟と呼ばれるにふさわしい大人の女性だと説明された。実際、この大会は既婚、未婚の別なく、25歳を越えた女性のみが対象になるらしい。冗談だろうとは思ったが、女心が動く。

翌朝、帰国前の買い物に出かけたドゥオーモ近辺で、もらった名刺にある会社名を見つけた私は、好奇心いっぱいに突撃訪問を決行した。社長のペドレッティ氏は大歓迎してくれ、早速イタリア語と英語で書かれた契約書を出してきた。4月18日、カプリ島での予選を経て、本選は8月19日、温泉公園のあるイスキア島で行われる。すぐに参加申込書にサインをと迫られるが、どうにも合点がいかない。「私にはそんな資格はありません。日本に帰って、ほんものの美人を見つけて送ります」と逃げるが社長は後へ引かない。「君ならまちがいなくグランプリも狙える。まず、今夜の業界のパーティにエスコートするので一緒に行こう。大会の審査員たちも大勢来るから、彼らと知り合いになっておくと有利なんだよ」

どんどん話が進むなりゆきに怖気づいた私は、「夕方、必ず連絡しますね」と言い、ホテルの名前も教えずに会社を辞した。

どう考えてもこの提案は信じられない。しかし、会場となるカプリもイスキアも、まだ見たこともない魅惑の島。その日夕食に行ったフィオーレの家で相談した。

「捨てがたいチャンスだと思わない？　招待だっていうから行こうかな」

すると、いつも冗談ばかり言っているフィオーレの夫が、珍しく真面目な顔をして私に言った。

「クミコ、冷静になって考えてごらん。君は身長160センチ足らず、足だって決して長くはない。それで各国の美女と水着になって戦う気かい？　目立ちたがり屋のイタリア女は、ミスコンが大好きだから、毎年大小さまざまなコンテストが行われるけど、みんなまやかしなんだよ」

　着物を着れば注目を浴びることができるはずと甘く考えていた私は、水着審査のことをすっかり忘れていた。出鼻をくじかれた私に、フィオーレが意を決した顔で告白した。

「初めて言うんだけど、実は、私も20歳のときミスコンに出たんだ。コルティーナ・ダンペッツォの高級リゾートホテルに招待されて、化粧品なんかのおみやげもいっぱいもらえるって書いてあったから応募したの。写真審査に通って本大会に辿り着いて、そこで支給された揃いの水着を見て度肝を抜かれたわ。あまりに露出度が高いんで、その時点でもう気分も萎えてたの。それでね、審査前日の夜にはさらに信じられないことが起こったのよ。審査員たちが入れ替わり立ち替わり部屋に電話をかけてきて『明日の投票について、君と改めて相談したいことがある』って、ばかみたいに同じ文句を言うの。電話を切ったら、次は部屋にノックの嵐よ。あいつらの目的は、ただひとつ、美女とただでやることなの。そのために金持ちの連中が集まってミスコンを主催してるみたいなものなのよ」

金髪長身のフィオーレは、30歳になった当時も輝くばかりに美しく、10年前だとミスも確実だったはずだ。

「それで、結果は?」

「誰とも寝なかったから当然選外よ」

「フィオーレが選外かあ、私に勝ち目がないのはわかったわ」

フィオーレ夫妻は、私が現実を知ったことに安堵し、にっこり微笑んでくれた。しかし、数秒間沈思黙考した後、私はフィオーレに聞いた。

「そのときグランプリに選ばれたのはどんな子だったの?」

「それが、十人並みで何のとりえもない子だったの。背も低いし、スタイルだっていまいち。みんなで『やりまん女』って陰口たたいたものよ」

私は、昂然と顔を上げ宣言した。

「ほら、片っ端から審査員と寝れば、私だってミセス・ユニヴァースになれるんじゃない!」

フィオーレと夫が大笑いし始め言った。「君の武器は美貌じゃない。そのユーモアだよ」。本気で言ったことをユーモアと一蹴され、私はペドレッティ氏に連絡を取る勇気を失くしたのだった。

そのときの申込書がまだ手元に残っている。記入欄は、身体的特徴のほかに年齢、未婚／既婚の別、子供の数、自宅、所有する別荘の場所（3つくらい書く場所がある）、職業、目・髪の毛の色、見るスポーツ、楽しんでいるスポーツ、趣味、話せる外国語、夫の職業などである。書き込んである項目はわずかだ。まずミラノのオフィスで秘書が測定して書き入れた身長、体重とスリーサイズ。159センチ、48キロ、93・65・89……私も昔は結構いけてたのだ。

しかし別荘どころかアパート住まいだった私に、そのあとの欄は書く気も失せる項目ばかり。サイズ以外に唯一自分で書き込んでいるのが「楽しんでいるスポーツ」欄だ。欧州の上流の証は「乗馬」「テニス」「ヨット」、この3つのスポーツをたしなむこと。人一倍運動音痴の私が、そこに日本語で書き込んでいるのが「床運動」。〝ゆか運動〟ならぬ〝どこ運動〟。これぞミスコンでの必殺技！

たとえ「ねるとん系イベント」だったとしても、イタリアでミセス・ユニヴァースに誘われた事実は、わが人生最大の金字塔だ。証拠となる書類を見ているうちに自分の未来像が浮かんできた。ユニヴァースならぬユニヴァーサル・デザインに囲まれた養老院で、誰かれとなくそれを見せびらかしているおぞましい姿だ。身震いした私は、32年目にしてようやくその紙を破り捨てたのだった。

その3　歌麿、大活躍

ローマ、フィレンツェ、ヴェネツィアと比べると、ミラノの観光名所は少ないように見える。大半の観光客は、500年もかけて完成した巨大ゴシック建築の大聖堂、ダ・ヴィンチの「最後の晩餐」を見ただけで、次の観光地に移動する。しかし、モンテ・ナポレオーネ通りでのブランドショッピング（買い物の主役は昔日本人、今はロシア人）、ダ・ヴィンチが設計した運河沿いのおしゃれなナヴィリオ地区の散歩（毎月最後の日曜には骨董品市が立つ）、新イタリア料理の賞味（工夫をこらした創作料理で話題のレストランは、クラッコ〈Cracco〉とアイモ・エ・ナディア〈Aimo e Nadia〉。クラッコは昔ペック〈Peck〉の雇われシェフだったカルロ・クラッコ氏が独立して開店した店。アイモ・エ・ナディアは、奥さまがシェフ、ご主人はホールで接客担当をする仲のいいご夫婦。イタリア人は男もおしゃべりなので接客上手だ）、スカラ座でのオペラ鑑賞、サンシロ・スタジアムでACミランのサッカー観戦など、本場のミラネーゼ体験には豊富なオプションが揃っている。

ミラノには、絶対はずせない幸運祈願の場所もある。それが、大聖堂のすぐそばにあるヴィットリオ・エマヌエレII世アーケード。

１８７７年に完成した巨大アーケードは、高さ47メートルのガラス張りの屋根を持つ十字路で、ドゥオーモ広場とスカラ座前の広場を結んでいる。建築工学上の偉業と称えられた大アーケードを設計したのは、１７６人が参加したコンペを勝ち抜いたジュセッペ・メンゴーニ。その12年後、彼は、アーケード完成祝賀会の前日（12月30日）、最後の見回りをしている最中、ドーム屋根から落下して亡くなっている。それが単なる事故だったのか自殺だったのか、今も解明されていない。

実は、完成式典に、統一イタリア王国のヴィットリオ・エマヌエレII世が欠席するというニュースが流れて以来、心ない噂がささやかれるようになっていたのだ。「自分の名を冠した記念碑的建物の完成を見にこないのは、出来上がりに失望したからだ」「国王は、２位に選ばれた作品のほうが気に入っていたので、暗に抗議しているのだ」などなど。誇り高いメンゴーニが、そのことをひどく気に病んでいたのは確かだ。実は、王が欠席したのは、重い病に臥せっていたからなのだが、その事実は固く伏せられていた。国王が、メンゴーニを追うように崩御したのは完成式典の３日後。王の病が公表されてさえいれば、またはは王がほんの数日早く亡くなっていれば、偉大な建築家メンゴーニが死ぬこともなかったかもしれない。「もし」も、「なら」もないと言われている歴史だが、ちょっとした運命のいたずらで、ミラノ名物のアーケードは、暗いいわくつきのものになってしまったのだ。

幸い、アーケードには、いつも明るい歓声が響いている場所もある。絢爛豪華な建物に囲まれた床には精巧なモザイク模様が施されているのだが、そのほぼ中央部、雄牛のモザイク絵の上で、いつも数人の人が立って、くるくる回転している。実は、牛の股間に右足のかかとを置いて3回転すると幸運が舞い込むと言われているのだ。男性の場合は、あそこが元気になるという説も広く流布していて、股間部分だけが見事にすり減っている。同じく、大聖堂の扉に彫られた聖母のお腹は、安産祈願の女性が触るので、そこだけがぴかぴかに光っている。

イタリア人は日本人と似ていて、結構げんをかつぐ。例えば、不吉なことを言われたら、厄落としのおまじないにすぐにタマタマを触らないといけない。阪神大震災のあと「もうすぐ、ミラノにも地震が起こるかもよ」と食卓で軽く言ったら、男性たちが一斉にフォークを置いてタマに触れ始めて驚いたことがある。女性はどうするか？　何か金属に触れると同じ効果があるというので、フォークを使っていれば問題はない。だが、手近に金属のものが見当たらないときは、突然手を伸ばして人のタマタマに触れてくる女性もいるので注意しておいたほうがいい。

ここミラノに、雄牛の局部を踏んで100回くらい回ったのではないかと思わせるほどの絶倫パワーを発揮し、次々にイタリアの美女を狂わせているひとりの日本男児がいる。H・T氏、タマタマにちなんで玉野歌麿氏と仮に呼んでおこう。

拙著『シモネッタのデカメロン』に、私が見た、うら若き美女二人の壮絶な乱闘事件が書かれている。「あんたも彼によがらせてもらったの、この売女！」。この絶叫で、私は、相手の男性が優れたテクニックの持ち主であることを理解し、翌日、傷害事件の調書作成時に被害者女性が口にした名前で、彼が日本人であることを知り驚愕したのであった。なんと、その時から私の脳裏にフルネームで刻み込まれていた同胞の英雄H・T氏の消息が、10年以上経った今、明らかになったのだ。イタリア美女をここまで狂わせる日本人男性とは一体どんな人物なのだろうか。

数ヵ月前、イタリア系の会社の秘書をしている友人麗子からメールをもらった。
〈最近読んだ田丸さんの本に出てきたH・T氏って、もしかして玉野歌麿さんのことでしょうか〉

この偶然に興奮した私は、早速返事をしたためた。〈はい、まちがいなく玉野歌麿氏です〉。麗子も興奮さめやらぬ調子で返事してきた。
〈ぎゃ〜！　やっぱり玉野さんだったんですね。納得です。なぜかイタリア女は100人中99人が彼にいかれるんです。彼は、私がミラノのオフィスに居たときの顧客で、来るといつも昼食に招待してくれてました。そんな私は、イタリア人スタッフの羨望の的でした。ランチから帰ったら、イタリア人の男も女も寄ってきて、「どこに連れていってくれた？」「何を食べた？」「話題は？　マナーは？」と質問攻めでした。日本人からみれば、うさん臭い奴って感じですが、鍛え上げた身長185センチの身体を、一分の隙もないファッションで決め、近寄るとほんのりいい香りがする。おまけに市内にお洒落な家も持ってる。そりゃもてますよ（あ、念の為言っておきますが、私と彼との間には何もありません。私は、あのイタリアに9年も居て、何の間違いも起こさなかった……いや、起こせなかった女。恥ずかしくって人に話せやしない）。

玉野氏、顔は純日本顔で、決してずば抜けたハンサムではありません。ただ、彼はイタリア女がどんな男を好むかを熟知していて、それを完璧に演じていたんです。

実際、彼と並んで街を歩くと、行き交うイタリア人がみんな彼を凝視していくので、私までいい気分に浸れました。彼は一に努力、二に努力の人です。毎日ジムに通って筋肉作りに励み、年中褐色の肌を保つ。「朝何時から準備してんだ？」というぐらい自然に整えられた髪。「毎日ご苦労でんなぁ〜」というほど完璧なお手入れこそ、イタリア女にもてる秘訣なのです。玉野氏の外見はイタリア男でも褒めちぎりますよ（前に必ず「日本人なのに」

が付くものの）。

　ある夏の日ランチに誘われ、アニェーゼ通りで待っていたときのことは、今もはっきり覚えています。道の向こうから超いけてる男が歩いてくる。小麦色の肌にサングラス、鶯色の麻のスーツがばっちり決まってて「ケェ〜、いい男だねぇ〜」と眺めてたら玉野氏でした。遠くからだとイタリア人にしか見えませんでした。

　その後は残念ながら緩やかながら下り坂。今は55歳、5〜6年前にえらい年上でド金持ちのイタリア女性と3度目の結婚をしました。年貢の納め時だと思ったのでしょうね。イタリア女にもてたいなら玉野氏を見習えです。しかし、日本であの路線を行くと、ゴールは「歌舞伎町No.1ホスト」しかありません〉

歌麿ミニ回想録

　断然興味を惹かれた私は、今も彼とメル友だという麗子に玉野氏を紹介してもらい、例の女性二人の乱闘について本人に電撃取材を決行した。彼から丁寧な返事が来た。

「田丸さんの本を読んだ方は、きっと誤解なさると思うので、事実をお話しさせてください」

玉野氏は、小説仕立てで長い真実を語ってくれた。

＊

あの日、Bを襲ったAは、170センチの長身、スカイブルーの目、プラチナゴールドのストレートヘアーを備えたゲルマン系の美人。それもそのはず、母親はバレリーナをしていたドイツ人、父親はミラノ屈指の実業家。彼女は、500平方メートルの豪邸に3人の召使にかしずかれて住み、コモ湖とサンレモにある広大な別荘や、40メートルの豪華クルーザーでヴァカンスを過ごすお嬢様だった。Aとは僕が通っていたジムで知り合った。会えば人懐っこく話しかけてきたし、19歳の誕生日には、「今日私の誕生日なの。お祝いのキスして～！」と僕に抱きついてきたこともある。だが、そのころ30代半ばのイタリア人デザイナーCと同棲していた43歳の僕にとって、Aはまだ子供、女性として見たこともなかった。

その1年後、僕はCと別れた。ばりばり仕事をこなしていたCが、僕にシェルター代わりの結婚を求めてきたからだ。僕は、まだ自由でいたかったたし、家族という責任を負う心構えもできていなかった。

僕がCと別れたのを知ったAは、ある夜、ジム帰りの僕の車にいきなり乗ってきて家まで送ってくれとねだった。季節は初夏、大胆にはだけた真っ白なシャツから胸を覗かせた彼女は、僕にすりよってキスをしてきた。これで何もせずに家に送るほど僕はやぼじゃない。僕の家に直行しAと愛し合った。20歳の体は驚くほど成熟していて、彼女は獣のように叫びながら何度も果てた。僕もまた、しなやかな若い肉体の虜になった。

初めての夜から3ヵ月経ったある日曜の朝、僕はあどけなさが残る顔でまどろんでいるAに「キオスクで新聞を買ってくる」と言ってトレーナー姿で出かけた。まもなく携帯電話が鳴った。Aの悲鳴だ。「大変、Cが家中をメチャメチャにしているの。インターフォンが鳴ったので、あなただと思って開けたら彼女だったの！」。急ぎ帰宅した僕の前には、とんでもない惨状が広がっていた。

テレビやステレオはもちろん、コレクションしていた超レアもののスコッチやコニャックまで、すべてが壁や床にたたきつけられ、部屋中にアルコールの匂いが充満している。なぜ彼女が、別れて5ヵ月も経った今頃ここに来たのか理由がわからない。僕は泣き腫らした目で睨みつけているCに「家まで送るから、外で話をしよう」ともちかけた。外に出ると、Cは僕を自分の車に乗せ近くの公園前で停車した。その途端、Cは狂ったように僕に殴りかかってきた。必死で防御するが、なおかつ強打してくる。車から転げるように逃げ出した僕は、近くのバールからAに電話した。

「彼女が戻るから、絶対にドアを開けないで！」

Aは答えた。「もうここにいるわ」。走って家に戻ると、意外にもAは、絶望と悔しさで泣いているCの両手を握り彼女を上手に慰めていた。自分よりはるかに若い子になだめられ、Cも我に返って自尊心を取り戻したのだろう。Aに「グラッツィエ」と一言言うと静かに去っていった。その瞬間、極度の緊張から解放されたAが震え始めた。「素敵だったCさんが、あんなに暴力的になるなんて信じられないわ！　でも今回のことで、私のあなたへの愛が本物だって確認できたの」。涙を溢れさせこう語ったAが、2年後には愛の代償に結婚を迫るようになる。だが、僕より24歳も若く精神年齢も幼過ぎるAと夫婦になる気にはなれなかった。

Aと別れ、仕事でカリブ諸島へ行った僕は、そこでオランダ人の美容師Dと知り合い愛し合うようになる。僕を諦め切れず島まで追ってきたAは、Dを見て半狂乱になり一悶着起こしたのだが、この話は長くなるので割愛する。その後、僕はDとミラノで生活し始め、一緒に通ったジムでBとも仲良くなった。結局、半年後、性格の不一致でDと別れた僕は、相談に乗ってくれていたBに次第に惹かれていく。

Bは Aの友達で、彼女もスイス人の父とイタリア人の母を持つハーフの美人だった。自分で言うのもなんだけど、当時僕はそのジムの超有名人で女性たちの垂涎《すいぜん》の的だった。「私の唾液で彼のパジャマを作りたいわ（彼の体中を、なめまわしたいわ）」。僕を巡って、こんな卑猥な会話が、女子更衣室で頻繁に交わされていたらしい。Bもその中のひとりで、後日、ずっと僕を狙っていたと告白した。

別れて1年以上経っていたAがBを襲ったのが、そのころだ。友人に僕を取られたのがよっぽど悔しかったのだろう。Aにハンドバッグで思い切り顔を強打され、Bは鼻の骨を折った。腫れ上がった彼女の顔を見たときは、Bへのいとおしさがこみあげたのだが、またも2年後、結婚を迫り始めたBとも終焉を迎える。若い子は、結婚を考えていないフリをして男に近づくが、すぐに正体を現す。

これでわかってもらえたと思う。僕は、イタリア人C—イタリア・ドイツのハーフA—オランダ人D—イタリア・スイスのハーフB、それぞれちゃんと別れてから新しい相手と付き合っており、AとBの二股をかけていたわけではないのだ。

経験から、僕は愛が終わるとき女性の感情が4段階に変化することを体得した。

第1段階・私がこんなに愛しているのに、なぜ心変わりしたのか？「詰問」。
第2段階・許して、捨てないでという「懇願」。
第3段階・元に戻らないとわかると「怒り」。
第4段階・「諦め」。これには2通りあり、「彼が望むようにさせてあげるのが彼の幸せなのだ」という達観がひとつ（めったにない）。もうひとつは「彼は諦めるが、このまま許してなるものか」という怨念。これが第3段階の〝怒り〟と合体すると修羅場になる。

嫉妬は女を般若に変える。中でもイタリア女の嫉妬の表現は想像を絶する激しさだ。うんざりするくらい、それを体験した僕は、45歳を過ぎてからは独立心の強いキャリアウーマンや既婚女性としか付き合わないようになった。嫉妬と結婚願望のない女を求める僕の愛の遍歴を話すと、カサノヴァ回想録に匹敵するくらい波瀾万丈の物語になる。

＊

玉野氏のミニ回想録を読んで、私は深いため息をついた。

あの乱闘を見たときは、貴重な人材の国外流出を嘆いたものだが、今は違う。若い美女たちから言い寄られ、結婚を迫られるとすぐ「さようなら」。こんな危険な男性がミラノに行ってくれたのは、日本女性にとって幸運以外の何ものでもない。玉野氏には、次々に女を狂わせる人間国宝級のテクニックを武器に、今後もイタリアで国威発揚を続けていってほしい。武運長久、いや女運長久を祈る。

第3章 ボローニャ

チョコでもお断り！

ミラノから200キロほど東南にあるボローニャは、イタリア屈指の豊かさを誇るエミリア・ロマーニャ州の州都。街は、重厚で落ち着いた雰囲気に溢れている。中心部の歩道は、新潟の雁木のような屋根付きの柱廊（ポルティコ）になっており、雨や強い日差しの日も快適に散歩やショッピングが楽しめる。

近郊にあるサン・ルカ教会は世界最長3・5キロに及ぶ柱廊で有名。サラゴッツァ門から教会がある丘の上まで延々と続く柱廊の景観は実に壮観だ。だが不思議なことに、眺めも美しいデートスポットなのに、若いカップルは皆無。聞くところによると、「ここに一緒に来たカップルは決して結ばれない」という言い伝えがあるらしい。最近、ベストセラー小説の影響でローマのミルビオ橋の街灯に錠前を結びつけると一生離別しないという噂が広がったイタリア。あっという間に、山のような錠前が取り付けられ、重みで街灯3基が折れたと報道されていた。恋の巧者に見えるイタリア人が、愛の成就に神や迷信の助けを借りようとするのがちょっと意外だった。彼らにも案外純情なところがあるのだ。

ボローニャの見所は他にもある。ボローニャの守護神に捧げられたサン・ペトロニオ聖堂、皇帝派と教皇派の争いの名残である2本の斜塔、ネプチューンの噴水。静物画の鬼才モランディの美術館、そして世界最古の歴史を持つボローニャ大学（創設は11世紀）。『薔薇の名前』の著者ウンベルト・エーコやプローディ前首相も教授陣に名を連ねた知の殿堂だ。

大学があるせいか左派のインテリが多く、代々共産党系の首長が政権を握る「赤い街」と呼ばれてきた。そのためイタリアの社会的緊張が高まった時代には極右の標的となった。最大の悲劇は1980年8月2日、夏休み中の旅行客でごった返すボローニャ駅の待合室で起こった。トランクに仕掛けられた強力な爆弾が駅舎を一瞬で吹き飛ばし、日本人学生を含む85人が犠牲になったのだ。その際、一般市民がこぞって被害者の救済に手を差し伸べる姿が話題になり、ボローニャの人たちの人間的な温かさをイタリア中に印象付けた。

愛の合図

実際、住民は明るく大らかでジョーク好き。女性を口説くときもさっぱりとスマートな口説き方をする。南に多い、ねっとり見つめたり、しつこくつきまとったりするタイプはいない。

大学街なので、学生たちの悪ふざけにも寛容で、楽しいことが大好きだ。ボローニャ人の鷹揚な気質は、豊かな食料の源泉である肥沃な土壌から生まれたものと思われる。起業家精神も旺盛で、さまざまな産業が発達しているが、中でも有名なのが各種の包装機。一帯は、シリコンヴァレーに倣って包装機ヴァレーと呼ばれている。手作りの高級靴やファッションアパレル製品作りも盛んで、中小企業ながら世界を相手に商売をしている。市内には、丹下健三が設計した大きな見本市会場があり、国際児童図書展などの重要な国際見本市も数多く開催されている。

見本市の会期中は世界中からバイヤーが訪れるため、ホテルを取るのに一苦労する。二十数年前、日本の業者2名と靴見本市〝ミカム〟に行ったときのこと、近隣の町にもまったくホテルが見つからず、私たち3人は、靴メーカーの社長ディーノの家に泊めてもらうことになった。ボローニャの郊外にある邸宅は、広い庭が付いた豪邸だった。

ディーノは初老の68歳、小柄でおつむも薄く、渋い魅力はあるが、決して美男子というわけではない。やもめの彼が一緒に住んでいる女性がアンナ。25歳のとびっきりの金髪美人で、セミショートのカーリーヘアーが愛くるしい顔をさらに引き立てている。一体、どんな手腕を使ってこんな美人をつかまえたのか、ディーノは日本人男性二人の羨望の的だった。夜は、彼女が手料理の夕食を整えてくれ、そこに同じ敷地に住んでいる社長の孫、13歳のステファノもジョインした。ディーノの娘でステファノの母親だったシルビアは、前年、癌のためわずか45歳で亡くなっていた。まだ母親が恋しい年代の孫を不憫に思ったディーノは、ステファノをしょっちゅう自宅に呼び、一緒に夕食をとっていた。

その夜、6人揃った賑やかな夕餉の席で、私は足元に何か当たるのを感じた。靴を脱いだ足の感触だ。それは、私の足元から徐々に膝の近くに上がり、足の間に割り入る気配を見せ始めた。前に座っているステファノの足だ。彼は何事もないかのように、横を向き、隣のアンナとしゃべっている。一体、こんなテクニックをどこで覚えたのか、30近い私が13歳の少年にどぎまぎしている。腹が立ってきた私は、テーブルの下で思いっきり彼の足を蹴飛ばし、「ごめんなさい、ちょっとディーノと話したいので、席を替わってくださる？」。そう言って仲間の日本人に頼み、ステファノの足が届かない場所に変えてもらったのだった。早熟な孫は食後、何食わぬ顔で隣接する自分の家に帰っていった。

夜、部屋でシーツを整えてくれるアンナに私は言った。

「食事中、ステファノが私にピエディーノ（食卓の下などで足を使って愛の合図をすること。こんな単語があるのもさすがはイタリア）をしたわ。いっぱしの男なのね」

「そうだと思ったわ。私なんかディーノの留守中に迫られたのよ。ディーノはステファノを目の中に入れても痛くないくらい可愛がってるから、彼には何も言えないの。私が原因で家族の仲を裂くわけにはいかないし、ディーノは私には異常に嫉妬深いから、殴りあいの喧嘩になりかねないわ。あの年頃の子って何するかわかんないから怖いのよ。あー、クミコも部屋の鍵はしっかり閉めて寝てね」

ステファノは、母ではなく、女性を求める時期にあるようだ。それにしても、おじいちゃんの女性にアプローチする勇気は、さすがボローニャ男の末裔、栴檀《せんだん》は双葉より芳しだ。

そして、その夜、恐れていたことが起こった。

夜半1時過ぎ、ベッドに入っていた私の耳に屋根から何かきしむ音が聞こえてきた。泥棒かと胸の鼓動が激しくなる。仲間に助けを求めるにも時間が遅すぎる。部屋から出て廊下にいれば、すぐに人を起こして階下に逃げられる。そっとベッドから出た私に、窓をノックする音とともに小声で「クミコ」と呼ぶ声が聞こえた。ステファノだ。夕食のとき蹴飛ばしておいたのに懲りず、屋根づたいに部屋まで押しかけてきたのだ。まさにフェロモン全開。母親の目がないこの年齢の子に怖いものなどない。

私はすぐに窓辺に寄って言った。

「私はあなたにまったく興味がないわ。今からおじいさんを起こして言いつけるわよ。彼はきっとあなたみたいな孫を持ったのを恥ずかしく思うわ」

自分が彼と寝る気がないことを明快にした上で、おじいさんを持ち出した。ステファノは、しばらく黙って佇《たたず》んでいたが、やがて再び屋根をきしませて去っていった。

美女の得意ワザ

ボローニャ男性が幼いときから女性に目覚めるのは、この街にあまりに魅力的な美人が多いせいでもある。若い子から年配の婦人まで、名画に出てくるような女性美を備えた人が多い。それだけではない。ボローニャは、イタリア屈指の美食の街で、ボローニャソーセージ、スパゲッティ・ボロニェーゼなどは日本でもよく知られている。つまり、ボローニャの女性は美しいだけではなく、料理上手でもあり、優れた味覚を持つその舌は別の用途でも使われる。

そう、ボローニャ女性は床上手、とりわけ「ポンピーノ」上手だといわれているのだ。フェラチオという意味のこの言葉、イタリア人は、外国人と見るとすぐにスラングを教えたがるので、日本人もイタリアに来ると必ず覚える単語のひとつだ。

ボローニャに住んでいたうら若き日本人女性が生涯最悪の誤訳を犯したのもそのせいだ。彼女は28歳、イタリア人にはまだハイティーンにも見える初々しい美女だ。夫の仕事の関係でイタリアに住み始めて1年足らず、イタリア語がまだ覚束なかったころのこと。彼女、目抜き通りを散歩していて喉の渇きを覚えた。

汗ばむ陽気の日で、すっきりしたグレープフルーツジュースが飲みたくなり、通りすがりのバールに入った。

ジュースを意味する言葉は、「スッコ」と「スプレムータ」の2種類あり、スッコは果汁、スプレムータはその場で手搾りする果汁である。大概は瓶入りのジュースが出される「スッコ」より、その場で搾ってもらいすぐ飲むほうがおいしい。「スプレムータ」にしよう、そこまでは決めたのだが、どうしてもグレープフルーツ（ポンペルモ）という単語が思い出せない。

カウンターの前に立ち、彼女は必死で単語を思い出そうとした。カウンターの中では、バーテンが彼女を見つめ「デジーデラ？（何になさいますか）」と注文を待っている。焦った彼女は脳内辞書を探り、「確かPで始まる単語だった。パ、ピ、プ、ペ、ポ、ポン……」、ポンまで思い出した。ポン……パ行を順に追うと、ポンピーノはポンペルモの前にくる。それが悲劇の始まりだったのだ。彼女、思い出した嬉しさに微笑みつつ優雅に注文した。

「スプレムータ・ディ・ポンピーノ（フェラチオの搾り汁）、ペル・ファヴォーレ（プリーズ）」

喜色満面で応じたのはバーテンだけではない。夕刻で大勢たむろしていた常連の男たち、ウエイター、その場は一瞬で歓喜の渦に包まれ騒然となった。口々に叫んでいる。「ディ・キ？（誰のにしましょうか？）」「僕のでいい？」「僕の、にして!!」

なぜ笑われているのか皆目見当がつかない彼女、愛想笑いをしながら立ち尽くすしかなかった。

もちろん想像力溢れるイタリア人のこと、何が欲しいかすぐにわかってくれた。絶品のおいしさのグレープフルーツを目前で搾ってくれ、頼みもしないのに蜜を注ぎ、クッキーまでサービスしてくれたとか。「またおいで!!」。大笑いして上機嫌の男性たち全員にそう挨拶され帰宅した彼女、家で辞書を引き呆然、恥ずかしさに発狂するかと思った。彼女が二度とそのバールに顔を出さなかったのはいうまでもない。

床上手な美人の街、ボローニャの方言には、そんな街の特徴が色濃く反映されている。圧巻が、彼らが「おやまあ！」といった感嘆詞に使う〝ソチメルベン〟。下町の親父さんたちが使うスラングだ。

初めてボローニャ駅に降り立った1976年、私は太った赤帽のおじさんに荷物の運搬を頼んだ。そのとき、彼は私を見つめながらこういったのだ。〝ソチメルベン、ケ・ベッラ・セイ〟。後半の「なんてべっぴんなんだ」はわかった。言語に興味がある私は、ボローニャっ子の友人に後でその意味を尋ねた。彼は大笑いしながら教えてくれた。

「標準語に直すと〝スッキアミ・ベーネ〟。わかるよね。『俺のモノをうまく舐めろよ』っていう意味なんだ」

もとの意味を説明され度肝を抜かれている私に、ボローニャの悪友は追い討ちをかけるように言った。

「もっと驚いたときには、ソチメルベンの後に〝インプンタ〟（先っぽを）という言葉も付け加えるんだ。あ、そうそう、〝ソチメルベン、なんていい女なんだ〟と言われたとき、きっぷのいいカルメンみたいな女は即座に言い返さなくっちゃならない。〝ネアンケ・フォッセ・ディ・チョッコラート！〟（たとえあなたのアレがチョコでできてても、絶対お断りよ！）ってね」

こんな表現が慣用句化している国と日本との相互理解は可能なのだろうか。仕事上異文化を翻訳しつつ、いつも疑問に感じている。

第4章
ルガーノ

金持ちはスイス国境を目指す

ルガーノは、ミラノから67キロ北に位置するスイスの街である。

クルマで約1時間走り、目に見えない国境を越えスイス領に入った瞬間すべてが変わる。窓辺に色とりどりの花が飾られた家、静かで落ち着いた街並み、ゴミひとつ落ちていない清潔な道。同じイタリア語をしゃべっているのに、人々の着ているものがやぼったくなり、食事も途端に質素になる。退廃にも享楽にも縁がなく、真面目に働きせっせと小金を貯め込む。これがスイスの国民性だ。

そのころ、私がビジネスを手伝っていた人がルガーノ近郊の小さな村に住んでいた。日本から園芸用具を輸入しスイスで手広く販売しているバラキ氏だ。ちょうどイタリアに出張中だった私に商売の相談がてら会いたいという。ミラノにいた私は、当然彼が会いに来てくれるものと思っていた。ところがアポの段階で懇願された。

「せめてルガーノまで来てくれないかなあ。僕、絶対イタリアに入りたくないんだよ。べンツに乗ってるからねえ、ほら、ポルシェ、ベンツ、ジャガーは、イタリアではすぐに盗まれてしまうだろ。大体、ミラノなんて駐車する場所を探すだけで一苦労だ。平気で道路に2列駐車してるわ、他人の車にバンパーを思いっきりぶつけながら、狭い場所に車を押し入れるわ、渋滞はひどいわ、あんなところは人の住むところじゃないね」

彼がイタリアの悪口を言い始めると、もうどうにも止まらない。私のほうはというと、不思議なことに、故国でもないのにイタリアの悪口を言われるとなぜか苛立ってくる。

仕方がない。私は、バラキ氏と会うためミラノ中央駅から列車でルガーノに向かうことにした。アルプスを越えるシンプロントンネルを過ぎるとすぐルガーノだ。駅に降り立つと、純朴そのものの顔をした小柄なバラキ氏がにこにこしながら待っていてくれた。頬の赤さが目立つ白い肌が、どうにも田舎くさく、彼が自慢のベンツに乗っていても運転手にしか見えない。

昼時なのでルガーノで食事するのかと思ったら、彼は車を走らせ一路郊外に向かう。

「ここから30分だから、まずうちに行こう」

バラキ氏、イタリアだけでなく高級レストランばかりのルガーノも嫌いなようだ。彼の家には奥様と小学生の男の子、幼稚園の女の子が待っていて、みんなで山小屋風の食堂に移動した。テーブルクロスがかかっていないむきだしのテーブルを見た時点で、私の心がかさかさに乾き始める。イタリアでは、どんな安食堂でも清潔にプレスされたクロスがかけられている。メニューを見てチョイスの少なさに驚き、またイタリアと比べてしまう自分が悲しい。彼らの子どもたちも好き嫌いが多く、ピザを少し食べただけで大半は残してしまった。その間もお母さんは、サラダも食べろと口うるさく干渉し続ける。スイスの食事は、どうにも楽しくない。

ミラノでは、男も女も小麦色にヴァカンス焼けしている7月だというのに、ここでは白い顔をしたお客ばかり。イタリアのレストランでは、人々の話し声が賑やかに共鳴しているのに、ここはひどく静かだ。寡黙な人たちは、見るともなく窓外に目をやってぼんやりしている。きっと遊んでいないから話題にも窮するのだ。

なんとか明るくなる話題をと思って尋ねた。

「夏休みはどちらへ？」

バラキ氏は生真面目な顔で答えた。

「クミコ、ここはスイスだよ。毎日がリゾート地にいるみたいなもんだからね。それに夏休み中は、みんな手間暇かけてガーデニングするから園芸用品がよく売れる。従業員の夏休みは交替で取ってもらうようにして、8月も店を開けてるんだ」

奥さんが、あわててつけ加える。

「もちろん別荘も持ってるのよ。わが家は標高800メートルのところにあるんだけど、1000メートルと1200メートルのところに、それぞれ山小屋をつくったの。その日の暑さ次第で、どっちの家に行くか決められるからすごく快適よ。一番高い場所、そう1200メートルのところは、クルマが入らない山道しかないんで、建てるのにすごく苦労したの。重い建材を少しずつ担いで運ばなくちゃいけないでしょ。もちろん、家をつくるのも主人が中心でやったわ」

どうやら彼らは働くのと、安くあげるのが趣味のようだ。

バラキ氏の会社はイタリア語圏にあるが、商品はスイス全土で販売している。スイスの公用語はドイツ、フランス、イタリア語の3ヵ国語だが、チューリッヒ周辺がドイツ語圏、ジュネーヴはフランス語圏、イタリアの近くがイタリア語圏と分かれている。国民全員が3ヵ国語を自由に話せるわけではなく、イタリア語圏の国民の大半はフランス語は習得しているが、ドイツ語は話せない。バラキ氏の奥さんは、ドイツ語圏から働きに来ていた社員で、バラキ氏のお眼鏡にかない10歳年長の社長と玉の輿結婚をしたのだった。

イタリア語とフランス語ができるバラキ氏、ドイツ語が堪能な彼女と結婚すれば、ビジネスにも有利だと踏んだのだろう。周到に観察して選んだだけに、伴侶としては完璧だった。彼女は、結婚すると前にも増して猛烈に働き、ドイツ語圏のビジネスを急伸させた。

その上、バラキ氏に輪を掛けた締まり屋なのでまったく無駄遣いをしない。化粧気がない顔、自分でカットした無造作なショートヘアー、洗濯機で洗えるポリエステルのブラウスに、洗いざらしのスカート、サボのような無骨な靴。がっしりとした体についているお尻と足は、たくましく太い。セックスアピールが一切ない彼女を見て、日本に来るたびにソープに日参するバラキ氏の気持ちがよくわかった。

同じスイスにあるチューリッヒで、私は、銀行家のご夫妻に高級レストランに招待されたことがある。ダークスーツのご主人がエスコートする奥様は、毛皮コートの下に黒のカクテルドレス、胸元にはダイヤのネックレスというエレガントな装い。その日、供された食事はスイスの代表的料理チーズフォンドュだった。とろりとコクがある絶品のチーズはおいしい。しかし、チーズに浸したパンは、5つも食べればお腹いっぱいになるし、その前に同じ味に飽きてしまう。まわりのテーブルでも、優雅に着飾った人たちが、赤ワインを飲みながら、黙々とフォンドュだけを口に運んでいる。お酒に弱い私は、水でフォンドュを流し込んだので、ホテルに帰ったあと胃内で固まったチーズの重さに夜中寝付けず苦しんだ。

バラキ一家と山小屋風の食堂で昼食を取っていたとき、私はそのときのことを思い出していた。世界の珍味を集められる豊かな国で、なぜ着飾ったお金持ちがパンとチーズとワインで夕食をとるのだろうか。どんなに豪華なレストランで食べようとも、それは農家の日常食に近いメニューであり、自分で鍋に浸して食べるのもセルフサービス的で貧乏くさい。日本の懐石もイタリアの高級料理も、手をかけて美しく盛り付けた多彩な料理が少しずつ供される。彼らより平均所得が低いイタリア人が人生を目一杯楽しんでいる間に、彼らは蓄財に励む。スイス人というのは、まったくお金の使い方を知らない。

アメリカ風のピザを口に運びながら、私はできるだけ早くイタリアに戻りたくなっていた。「生きている」実感が湧いてくる、あの退廃と快楽の国イタリアへ……。

午後はオフィスで奥さんの監視のもとバラキ氏と仕事の話をした。日本の会社への要望書をまとめ、夕方近く、再びルガーノ駅に送ってもらった。ミラノ行きの列車を待つ間、私の脳裏に、もうひとつのなつかしい思い出が蘇ってきた。

御曹司の誘い

それは、70年代後半、ちょうどイタリアが「鉛の時代」と呼ばれる低迷期にあったころのことだ。横行するテロ、労働争議、日々安値を更新するイタリア通貨リラ。そんな中で「悪貨は良貨を駆逐する」を地で行く現象が起こった。

リラ貨幣の地金価値が貨幣価格より高くなったため、小銭が金属として売られるようになったのだ。こうして、イタリアの市場から小銭がほぼ姿を消した。レストランは、ままごとのような私家紙幣を作り、10リラ、50リラなどと書いて客におつり代わりに渡していたし、高速料金所やスーパーでは、透明な円形プラスティックケースに金額分の切手を入れて貨幣の代わりをさせていた。思えば異常な時代であった。

当然のことだが、国民は防衛のため資産を外貨に換え始める。政府は外為法で換金額の上限を定め、実質的にこれを禁止した。しかし禁止するとさらに危機感が増す。金持ちたちは、さまざまな裏工作を講じて資産をこぞって海外に移し始める。流出先の人気ナンバーワンは、もちろん隣国のスイスだ。銀行の独立性と徹底した守秘義務、何よりスイスフランの安定性が魅力だった。政府はその対策として、イタリアからスイスに向かう国境のチェックを厳重にした。あやしげな車の場合、荷物がすべて開けられるのはもちろんのこと、車体の下まで鏡付きの棒がさし入れられ、現金が隠されていないか入念な検査が行われるようになった。

そんなある年の5月のことだ。私は自分のビジネスも兼ねてミラノに2週間ほど滞在していた。最初、日本のお客を連れP市にある大手機械メーカーを訪問し、その後、数日フリーの予定だった。ミラノに戻った翌日、その会社の社長の息子、28歳の専務エンツォから電話があった。

「君、2〜3日ゆっくりするって言ってたよね。僕、明日休暇を取ったんだ。スイスアルプスでも見に行かないか？」

同社には仕事で何度も訪問したことはあるが、個人的なお誘いは初めてだ。

黒髪、黒眼、身長185センチ、引き締まった体にアルマーニのスーツをモデルのように着こなす彼は、フェラーリやポルシェを乗り回す典型的なプレーボーイだ。思いがけない誘いに、下心でもあるのかといぶかりつつも、風光明媚なアルプスの景観が見たくてOKした。翌朝ホテルに迎えに来た彼を見て、私は自分の目を疑った。初めて見る彼のカジュアルスタイル、それもいつものダンディさとは無縁のくたびれた丸首Tシャツにジーンズ、髪もぼさぼさで、どう見ても貧乏大学生の風貌だ。その上、自慢の愛車ポルシェではなく、薄汚れた古い軽乗用車、白のフィアットに乗っている。彼は、私が着ていたミッソーニのニットドレスを値踏みするように眺めて言った。

「もっとカジュアルな、そう、普段着っぽいものに着替えてくれないかな。歩くから靴もヒールでないローファーのほうがいい」

折角社長の御曹司とのドライブにおしゃれしていたのに出鼻をくじかれた。仕方なく、私もコットンセーターとコットンパンツに着替え、彼とバランスをとった。出発前、彼は見るからに安っぽい大型ボストンバッグをトランクから取りだし、「これ君のものだということにしておいて」と言うと、私の足元のダッシュボードの下に無理やり押し込んだ。「何なの？」と聞くと「ただの衣類だよ」という答えが返ってくる。チャックを少し開くと、派手な花柄の洋服とおぼしきものが見えた。

小一時間も走るとスイス国境だ。近づいてきた税関検査員に向かい、彼は愛想よく伝えた。「日本から来た彼女をアルプス観光に連れていきます」。ぽんこつ寸前の車に乗った若いカップルを見た彼ら、トランクを開けろとの指示もせず、あごをしゃくって「行け」と合図した。スイス国内に入ると彼の顔に笑みが浮かび、鼻歌まで出始めた。

「クミコ、悪いけど今日はアルプスじゃなくってルガーノに付き合ってよ」

ルガーノは屈指の銀行都市。国境にあるので、イタリア人の隠し口座に天文学的金額が入金されているとも言われている。ここに至って私はすべてを理解した。つまり、彼は私に資産隠しの片棒を担がせたのだ。美人のガールフレンドに不自由していなかったエンツォなのだが、同じイタリア人では、別れたあと、恨みから密告されることもある。その点日本人の私なら安全だし、税関で疑われることも少ないと踏んだのだろう。

昼前、彼は車を市内の大きな駐車場に入れるとあたりを見まわしながら歩き始めた。案の定その先には有名なスイスの大手銀行の建物がそびえている。エンツォの手にはあのビニールのボストンがしっかり抱えられている。上だけに衣類か食べ物をつめ、その下はすべて現金なのか、ともかくパンパンに張っているので、かなりの金額に違いない。

今まで何度もデノミが検討されたくらい金額が大きいリラなのに、政府は10万リラ（当時3000円くらい）以上の高額紙幣は作らなかった。それも、こうした不正な大量持ち出しをしにくくするためである。

「僕はここで1時間くらいやることがあるから、君は町でも見物してくれれば？　1時間後にまたこの銀行のロビーで会おう」

腑に落ちないまま、私は初めて見るルガーノの観光に出かけた。高級ショップが建ち並ぶ洗練された街だ。ウインドウショッピング中、ふと時計を見ると約束の時間を20分も過ぎている。焦って銀行に戻った。

広大なロビーをくまなく探すがエンツォはいない。こんなところに置き去りにされては一大事。相談した案内係の女性は、事情を聞いて館内アナウンスをしてくれるという。

「エンツォ・ロッシ様、至急1階エントランスの受付におこしください」。まもなく彼が小走りに受付にやってきて、荒々しく私の腕をつかむと小声で怒鳴った。

「何てことをしてくれたんだ！　ここで名前を呼ぶなんて気違い沙汰だよ」

顔は怒りと恐れでひきつっている。そう、ここでは口座名もすべて暗号数字、どこにも名前は表示されていないし、窓口でも番号で呼ばれるだけだ。よほど高額の入金だったのか、最上階の支店長室にいた彼は、この館内放送を聞いて真っ青になった。イタリアの私服財務警官が銀行内で見張っているかもしれないのだ。幸い現行犯でつかまることもなく、無事入金を終えた彼は、ほっとしてご機嫌も直った。

その後、私たちは昼食に行ったのだが、カジュアルな服装なので、ルガーノ湖が見える高級レストランに入ることはできず、ファストフード系のピザハウスで済ませることになった。今度は、スイス預金に利用されただけの私が不機嫌になった。ピザをほおばりながら、彼は素直にあやまった。

「だましてごめん、これ僕からのプレゼント」

4センチ×2センチの18金のペンダントヘッド。ジョークのつもりか、イタリアの10万リラ札を印字した金のミニチュア紙幣である。私は笑いながら言った。

「えー、これ共犯者に渡す分け前としてはちょっと少なくない？」

あれから30年近く経っているので、すべて時効とは思われるが、今もルガーノと聞くと、貧乏人のひがみか、ちょっぴり苦い思い出が蘇る。

風の便りで、エンツォが深夜の高速道路上トラックと衝突事故を起こし亡くなったと聞いた。たたきあげで一財産を築き社長職にあった父親もその前年癌で亡くなっている。父親と自分だけしか存在を知らないと言っていた、あの丸秘口座は一体どうなったのだろうか。番号だけの管理なので、遺族が正確に知っていないと追跡のしようがない。そういえば、ナチの強制収容所で一家全滅したユダヤ人たちが預けていた莫大な財産も、うやむやにスイスの銀行のものになっているらしい。今はイタリアも統一通貨ユーロになり、資産家が資金を海外に隠匿する心配もなくなった。その一方でユーロになってからというもの物価が異常に上昇し、イタリアの庶民の暮らし向きは一層厳しくなっている。「ユーロになってから、今までの給料ではちょうど3週間しかもたなくなったわ。あと1週間は貯金の切り崩しよ。頭が痛いわ」。これがよく聞く庶民の嘆きの言葉だ。いつの世もどの国でも、うまい汁を吸うのは金持ちと銀行なのだ。

次第に夕闇に沈むルガーノ駅のベンチでしみじみと想いにふけっていた私は、思わず鼻を鳴らし失笑していた。私は、欧州屈指のリッチな街ルガーノに2度も足を運んでいるのに、ろくに観光もしていない。毎回、仕事をさせられたり、財産隠しを手伝わされたりした上、2回ともピザで食事を済ませるという不運な目にあっているのだ。

「金持ちが貧乏人をうまく使って……」と憤ったあと、すぐに思い直した。よく考えれば、これが幸運の証なのかもしれない。世の中、守ろうと固執するものがない人たち、つまり持たざる人たちが、結局のところ一番自由なのだから。

第5章
ナポリ

その1　終の棲家はカプリ島

「ナポリを見て死ね」。これは「死ぬまでに絶対見ておくべき場所」とナポリを称える言葉なのだが、肝心のイタリアではあまり知られていない。

なぜなら、18世紀から19世紀初頭、英、仏、独の貴族の子弟の間で流行ったイタリア・グランドツアーの口コミ情報として生まれた言葉だからだ。そして、今、ナポリは「やくざの抗争に巻き込まれて死ぬ危険もある」くらい無秩序な無法地帯になっている。

スリ、引ったくりの多さも群を抜いていて、腕につけている高価な時計まで盗まれる。買取─転売組織が完備しているので簡単に換金でき、悪がきどものちょっとした小遣い稼ぎになるのだ。業を煮やしたナポリ市は、治安当局、観光組合などと組んで、「引ったくり予防時計」の特別キャンペーンを立ち上げた。ヴェスヴィオ火山とナポリ名物のピザ、2種類の絵柄が揃ったカラフルな時計（10ユーロ相当）を観光客にただでプレゼントするこの企画、キャッチコピーは、「ロレックスはホテルに置いて出かけよう」。当局が取り締まりを諦め、代わりに盗まれない時計を配布する。実にイタリア的な発想だ。

ナポリは、シチリア・マフィアを規模で追い抜くともいわれている犯罪組織「カモッラ」の本拠地でもある。お決まりの内紛がらみの殺人や銃撃、すさまじい交通渋滞、鳴りやまないクラクションの大騒音、Ｆ１レーサーもどきに歩道を走りぬける車やオートバイ、ここは、混沌の極致だ。アクロバット走行をするバイク乗りの青年がヘルメットを着用したがらないのは「フルフェイス・ヘルメットで銀行に乗り付けた奴が、強盗と間違えられて警備員に撃たれたことがある。そっちのほうがあぶない」からとか。

２００８年は、ゴミ騒動で世界中に惨状をさらした。コンテナーでドイツの焼却炉にまで輸送しているが、大量のゴミ処理はまだ終わっていない。不法投棄による土壌のダイオキシン汚染も深刻だ。問題の解決には、ゴミ処理事業を牛耳っているカモッラの一掃が不可欠なのだが、報復を恐れ、本気で取り組む人はいない。市民も半ば諦めている。

私が初めて訪れた70年代、ナポリはひどく薄汚れていたのだが、政府は、１９９４年のサミットのため膨大な国家予算を投じて街の美化に努めた。直後は、旧支配者ブルボン王朝の栄華が見事に蘇り、世界にその美を見せつけたのだが、排気ガスであっという間に薄黒く汚れてしまった。

ナポリは、現在36ある日伊姉妹都市のひとつとして鹿児島市と友好協定を締結している。ヴェスヴィオ火山と桜島、湾を抱く風景、共通点は多々あるが、朴訥で一本気な鹿児島人と、陽気で要領がよく、嘘も巧みなナポリ人とは性格的には真反対。それでも交流は仲良く続いていて、お互い相手の都市名を付けた通りまで作っている。ただ、鹿児島のナポリ通りが駅前大通りなのに対して、ナポリの鹿児島通りは知る人ぞ知る小さな坂道。その代わりに、鹿児島の使節団が調印に訪れたとき、ナポリ市は、一行が乗るバスの前にパトカーを先導させ、路肩まで走って市役所に迎える特例の歓迎をした。返礼に鹿児島を訪れたナポリ一行は、一般車両に混じりきちんと走行するバスに腑に落ちないものを感じたようだが、これも国民性の違い。

アメリカ大陸発見後、トマトやじゃが芋が初上陸したのがナポリ。食道楽の街で知られるボローニャの料理より、魚介類を多用するナポリ料理のほうが日本人の口にはよく合う。新鮮なトマトソースをふんだんに使ったピザパイもナポリが発祥の地で、石窯で本格的に焼くぱりぱりの生地は軽くていくらでも食べられる。どろりと濃いエスプレッソコーヒーも人気だが、味の最高峰といえば、やはり水牛の乳を使ったモッツァレッラチーズだ。トマトと交互に並べバジリコの葉を上に散らしたカプリサラダは、赤、緑、白というイタリア国旗の色で食欲をそそる。おいしい食材に恵まれ、海の景色は美しく、気候は温暖。こんな所に住んでいると、当然のことながらあくせく働く気にはならない。かわりに男たちは、余ったエネルギーのすべてを女性に向ける。ナポリ民謡を窓辺で歌い、恋を語ってくれるロマンチックな男たちもナポリの名物？のひとつなのだ。

ナポリを州都とするカンパーニャ州は世界遺産を5つも抱えるイタリア屈指の観光地で、ポジターノ、ラヴェッロ、アマルフィ、カプリ島、イスキア島などの美しさは文字どおり「筆舌に尽くしがたい」。これらの地域は、絶対にカップルで訪れてほしい。美しさが殺伐としていた心を洗い、壊れかけていた愛は再燃、始まったばかりの恋は燃え上がること疑いなしだ。中でも、世界遺産のアマルフィ海岸の高台にあるチンブローネ邸のテラスからの眺望は世界一と言っても過言ではない。眼前に広がる地中海は、南イタリアの陽光のもと、深緑、紺碧、群青と刻々と色を変えていく。眼下には緑の木々と色とりどりの花。言葉を失い、立ち尽くし、ここに住んでいた貴族をうらやむ。

秘密の鍵

もうひとつの世界遺産がポンペイ。紀元79年、ヴェスヴィオ火山の大噴火で絶滅する前は、富裕なローマ人たちの別荘地として栄えていた。発掘で復元された街並みは、往時の暮らしを生き生きと今に伝えてくれる。

1973年、イタリアに住む日本の友人と観光に訪れた私は、まずは御者と料金交渉、ポンペイを馬車で一巡することにした。ローマ時代にタイムトリップできると喜んだのも束の間、馬車はあらぬ方向へ走り、空き地にぽつんと立つコンクリートの建物の前に停まった。

「産地直送、格安のカメオ工場です。コースに入っているので見学してください」

御者のおじさん、有無を言わせない口調で私たちに命令する。馬車代が安かったのはこのせいか。だだっ広いショップには私たち以外誰もいないし、値段も日本で買うより高い。しかし、ここで何も買わないとカモッラの組織に売られるかも……不承不承一番安い（といっても30年前の4万円）指輪を買ってやっと放免してもらう。半分は彼の懐に入るのだろう、すっかり上機嫌になったおじさん、「オー・ソーレー・ミオ」を朗々と歌い、はらわたが煮えくり返っている私たちを、とっぷりナポリ気分に浸らせてくれたのだった。

ポンペイではガイドのおじさんが、説明も巧みに街を案内してくれる。車道と歩道が分けられ碁盤の目状に並ぶ道の所々に男性器に似たマークが散見できる。なんと、そのマークを辿っていけば売春宿に着く仕組みになっているのだ。そして、ここでもお決まりのナポリ方式。「一般公開が許されていない家があるんですよ。特別にご覧にいれましょうか」。少し声を潜めてガイド氏が言う。私は、即座に答える。

「見る、絶対見たい！」

彼は、鍵を開け部屋へといざなう。「売春宿」。巨根の男性裸像やさまざまな体位の性交図がリアル。「秘儀の家」ではポンペイレッド鮮やかな秘儀の絵、結婚の絵を堪能。感心するのは、セックスをテーマにしていても、決してキワモノに堕すことがない芸術レベルの高さだ。シンガポールのタイガーバームガーデンにあった極彩色の仏像や日本の温泉街にある秘宝館などとは比すべくもない。イタリア人の美的センスは、紀元前の時代から群を抜いていたのだ。それに、まだキリスト教が普及していなかった時代なので、セックス表現も大らかで卑猥さはまったくない。

私は、ガイドのおじさんにチップをはずんでポンペイを後にした。払いながら内心疑う。「もしや鍵は単なる小道具で、売春宿も、実は誰でも見ることができる施設だったのかもしれない」。しかし、私にとっては、カメオの指輪より、はるかに価値があるものだった。騙されても満足だ。

カプリ島も必見だ。ナポリから水中翼船に乗り40分で着く。港の近くには、ローマ帝国、ティベリウス皇帝が私設プールとして使っていた青の洞窟がある。

小型船で洞窟まで移動し、そこからボートに分乗して、小さな開口部から洞窟に入る。そこは真っ青に染まった別世界。オールで水を散らすと、光の加減で、無数のサファイアが空中に散ったように見える。幻想空間にただただ恍惚とするのだが、案内役はきわめて現実的。ひとり1500円もの入場料を払っているのに、婉曲に心付けを要求するのだ。

「皆様、青の洞窟はお楽しみいただけましたか？　私の説明にご満足いただいた方は、お気持ちを表していただけると幸いです」

慣れたイタリア人や素直な日本人は払うが、無視する西洋人もいる。船頭も黙って引っ込んではいない。「おや、手がすべったよ」という迫真の演技で、オールを水中に落とし、払わなかった客にそれとなく水をかけるのだ。チップをけちった金持ちのスイス人は髪を濡らしながらうめいた。

「中性子爆弾をナポリに落としたい。ナポリ人さえいなければ、ここは天国なのに」

波が高い日、洞窟は閉鎖される。ボートに乗り移るのも危険だし、入り口のとがった岩に頭をぶつけるかもしれないからだ。見学できない日も多い洞窟を見ることができた人は、その幸運に感謝し、黙ってチップを払うほうが賢明だろう。

再び港に戻りケーブルカーで頂上に上ると、花と陶板で埋め尽くされたおとぎの国が広がっている。急坂の狭い道が多い街なので車が少なく、落ち着いて散策できる。対岸のナポリの喧騒とごみだらけの道が嘘みたいだ。地中海モチーフの陶器が色とりどりに並べられたショップは、見ているだけで気持ちがはずむ。

「なんでも大きいのねえ」

カプリは観光で生きる街なのでホテル代も高い。

２０００年、親友のクララと一緒に再訪したときは、彼女が格安のホテルを予約してくれていた。案内パンフレットの写真では、海の眺望が広がった素晴らしい場所にある。地図を頼りにひたすら歩く。途中「絶景パノラマホーム」と書いてある花いっぱいの建物を見つけた。海の景観が楽しめる絶好の立地だ。クララが表札を読んで言う。「休養の家……ここ養老院みたいよ」。私は舞い上がった。「ここ予約したい。10年？　15年後？　クララ、あなたも一緒にどう？」。彼女は答える。「さっきから膝が痛い、腰が痛いって、10歳年上の私に荷物全部持たせてるあなたが、一体どうやってこんな坂と階段だらけの島に住めるの！」。叱咤され我にかえった私であった。

ホテルに行く道は、やがて山道に変わる。草をかきわけひたすら上る。ケーブルカーの駅から徒歩40分以上、やっとホテル・ヴィッラ・ピーナが見えてきた。標高が高いだけあってホテルのテラスからは広大な海の景色が楽しめる。安いのは足の便が悪いからで、景色は極上だ。思わずクララにぐちる。「な、なんで、こんなロマンチックな場所に女と来なくちゃいけないのよ！」。上品な女主人が私たちを部屋にいざなう。

ショック。安い理由はここにもあった。

カプリくんだりまで来て、部屋から見える景色は前の建物の壁だけなのだ。それに、ベッドはダブルがひとつ。ここにクララと枕を並べて寝るのかと思うと、また不満が募ってくる。しかし、何事も相対論。疲れ果ててベッドにしどけなく横たわったままの私はといえば、汗でアイラインが落ち目の下はまっ黒、髪は海風でぼさぼさ。クララに言った。

「よく考えればいいこともあるわ。男といたら、今頃化粧を直して美しくしてなくちゃいけないけど、女との旅は実に気楽でくつろげるわ」

ともあれ、この部屋にいると哀しくなる。私たちは、再び歩いて中心のウンベルトI世広場に向かった。広場でバスに乗り、レモン畑の中にあるレストラン、ダ・パオリーノ(Da Paolino）へ。たわわに実るレモンの樹の間に、レモン色のテーブルクロスをかけたテーブルが並んでいる。近海ものの魚を炭火でこんがり焼いたものを地元の白ワインで食す。それにしても、イタリアのレモンは巨大だ。瀬戸内レモンの2倍はある。イタリアの松ぼっくりも、長さ10センチ以上という巨大さで驚いたことがある。

「松ぼっくりだけじゃなくって、レモンも大きいのねえ。そういえば、なすびも、きゅうりも……」

クララが遮って言う。

「あなたが次に言いたいことは、もうわかったわ。日本のものしか知らないあなたは不運なのよ。そして、カプリに来てすらイタリア男をゲットできないあなたは、不運を通り越して哀れというべきなんでしょうね！」

食後は散策し、ウンベルトI世広場の戸外バールでカプリ名産の甘いレモンリキュール、リモンチェッロを楽しむ。折からの満月が皓々と広場を照らす中、私たちは、無言でカプリに酔いしれた。11時をまわったころ現実に戻った。今から暗い山道を30分も歩かないといけないのだ。クララが言う。

「次に来るときは、お金を貯めて、街中《まちなか》のいいホテルに泊まろうね」

「冗談でしょ。次に来るときは、あなたとじゃなく、富豪の男性に招待されて来るわよ」

相変わらずの減らず口をたたきつつ、私たちは壁の見える部屋でしあわせな眠りに就いたのだった。

翌朝、物音で目が覚めた。雨音、それも雨と風の双方の音だ。起き上がる気力もなくした私は隣で眠るクララに言った。

「昨日は、女といると気楽でいいって、あなたに言ったけどねえ、男となら、雨の日でもやることはあるのよ。今日一日、ここであなたと何をして過ごすの！」

クララは背を向けたまま、英語で答えた。"Shit"（くそったれ）。幸い、イタリアの雨は長くは続かず、この日は島の反対側アナカプリの美を堪能した。

5つ星ホテルの夢、叶えり！

カプリは、2000年前から多くのローマ皇帝に愛された地だ。ティベリウスは、12もの別荘を建て、カプリからローマ帝国を統治していたというから、住み心地の良さは立証済みだ。

中でも世界一の別荘として名高いのが、アナカプリのヴィッラ・サン・ミケーレ。著名な精神科医だったスウェーデン人のアクセル・ムンテが、1887年サン・ミケーレの遺跡に建てたものだ。晩年ここで書きあげた追想『サン・ミケーレ物語』は世界50ヵ国以上の国で翻訳されている。

別荘内には美術館さながらのアンティーク家具やブロンズ像が並び、図書館、礼拝堂まで揃っているのだが、圧巻なのは、海に向かって座るスフィンクスがあるベランダからの眺め。ソレント半島、ヴェスヴィオ火山、ナポリ湾が一望できるのだ。

私は願った。たとえ寝たきりでもいい。老後はこの景色を毎日見て過ごしたい。いや、自費でもいい。神様、どうか元気なうちにまた早くカプリに戻ってこられますように。

こんな私の願いは、思いのほか早く現実のものとなった。それも、わずか3年後に、クララに切った啖呵どおりに「富豪の男性のご招待」で、再び地上の楽園を訪れることができたのだ。富豪とは、ローマで大きな事業を計画していらした日本人社長K氏。70歳近い方なのだが、すらりと背が高い渋い二枚目。お年を召した日本人には珍しく、カジュアルな洋服がお洒落に着こなせる。事業の通訳をした私は、役得で旅行好きなK氏の旅に日本からご招待いただいたのだ。

「世の中、そんなうまい話はない。役得の裏には、きっと……」などといった下衆《げす》の勘ぐりがあることは承知の上。だが、広い世の中には、信じられないほど高貴な精神の持ち主もいらっしゃるのだ（ちなみに、イタリアでは、女を旅に招待して何もしないのは、〝高貴〟ではなく、単に〝バカ〟と言われるのが落ち）。

旅のメンバーは、K氏とK氏のお嬢さん、K氏の手伝いをしているローマ在住のS氏、私、そして私の親友のクララの5人。K氏はご親切にも、「部屋はツインもシングルも値段はさして変わりませんから、田丸さんの大事なご友人もご招待しますよ」という太っ腹な計らいで、クララまで誘ってくださったのだ。もちろん彼女も大喜びだった。

宿泊は、なんとあのイル・サン・ピエトロ。アマルフィ、ソレントと並び称される景勝の地ポジターノの最高級5つ星ホテルである。

ハリウッド・スターも顧客に多いこのホテル、垂直に切り立った断崖絶壁を、8年もかけて掘ったもの。カルリーノの愛称で知られたミラマーホテルの経営者が、古いサン・ピエトロ（使徒ペテロ）のお堂があった絶壁に1962年、自分の別荘を作ろうと思い立った。工事が進むにつれ、彼は、この類稀な景観美をより多くの人に提供したくなり、33室（現在64室）のホテルにしてしまった。驚くのは、建築家を一切使わず、技師の助言を受けながら独力で完成させたこと。イタリア人はみんなが芸術家なのだ。

岩壁の中にはエレベーターが設置され、はるか下にあるプライベートビーチに降りることができる。もちろん部屋は、全室オーシャン・ビューのテラス付き。毎年投票で世界最高のホテルに選ばれるだけのことはある。夏場、カプリ島のホテル料金がすぐに一室10万円になるのを知っていた私は、おそるおそる料金表を見た。目が点になる。

クルマがないと行きにくい場所にあるせいか、非常にリーズナブルである。2009年度料金は、イースター、夏、クリスマスなどのハイシーズンでも、スタンダード・ツインで一泊550ユーロ。130円換算で7万円、デラックス・ツインでも8万円程度なのだ。1月から3月、10月から11月だと一泊5万5000円で宿泊できる。話の種にも是非一泊をお勧めしたい。

午後部屋にチェックインしたクララと私は、フロアに敷かれたタイルのカラフルな絵柄を楽しみ、その後はソファーに並んで座り、黙って海を見つめていた。

不思議なことに、彼女とは家族みたいなもの、無言でいても息苦しくならない。星座も干支《えと》も、血液型も身長も、足のサイズまで同じ私たちが、再び一緒にナポリの海を眺めている。それだけで心が温かくなった。

日本で初めて出会ったときから、もう20年近くも姉妹のごとく過ごしている。日伊と遠く離れた私たちが偶然出逢い、ここに一緒に座っているのは、「他生の縁」とやらで前世から結ばれているとしか思えないのだ。さまざまな思い出が去来するなか、私が口を開くと、つい、いつもの癖が出て、想いとは反対のことを口走ってしまう。

「ねえ、クララ、あなた今、『やっぱり、持つべき友は、クミコのように、すべての男性の理性を狂わせる魔性の女だな』とか思ってない？　ここにあなたがいるのも、ひとえに私の魅力のおかげなのよ」

彼女は鼻でせせら笑って答えた。

「ううん、富豪の男性が私を誘ってくれたのは、あなたを見張ってほしかったからじゃないかって思ってた。きっと、夜クミコに迫られるのが怖かったのよ」

油を垂らしたように静かな海を見ていたので、おだやかな気分になっていたのだろう。

私はそれ以上反撃しなかった。

夕食のレストランには生バンドが入っていた。食事の場にしては薄暗いライトの下で、数組のカップルが夢見心地でチークダンスを踊っている。夜がふけるにつれ、濃厚な雰囲気が満ちてくる。場違いな組み合わせの私たちは、まさに異邦人。私は、クララの耳元で囁いた。

「ロマンチックな場所には、いつもあなたといる運命なのね。思うんだけど、きっと私たち、前世ではラブラブの夫婦だったんじゃないかしら。ねえ、一緒に踊らない？」

クララににべもなく断られたのは言うまでもない。

翌朝は、さわやかな5月の風が海一面に細かい波を立てていた。南イタリアの陽光が、まぶしくさざ波の上を乱舞する。鮮やかな紅色のブーゲンビリアが咲き乱れるホテルの広いテラスで、海を見ながらカフェラッテと真っ赤なオレンジジュースで朝食。まさしく地上の楽園だ。

昼は、近くにある有名なレストラン、ドン・アルフォンソ（Don Alfonso）に出かけた。ナポリ湾とヴェスヴィオ火山を臨むサンタガタの街にあるこのレストランは、南イタリアで初めてミシュラン3つ星を獲得したことで注目を浴びた。その名声ゆえか、平日の昼だというのに超満員。イタリアは今まで何度も経済危機に直面してきた。しかし、美食レストラン、高級エステ、腕のいい美容室（カットだけで1万5０００円以上）は、いつでも満員だ。人生を楽しむお金は惜しまないイタリア人気質だと思っていたが、実は社会の二極化が進んでいる証なのかもしれない。イタリアに何度も足を運んでいる私も、ほんとうに貧しい人たちの実態はよく知らないのだ。

予約していった私たち5人は、入り口近くのテーブルに案内されそうだったのだが、ホール長は、私たちが乗りつけたアルファロメオの車種と、先頭に立つK氏の身なりを瞬時に値踏みし、眺めのよい窓際のテーブルにいざなってくれた。ナポリ人は、こういうことに関しては、イタリア一鼻が利く人種なのだ。

驚いたことに、ホールには二人の日本人がいた。恐らく、料理見習いに来て、給仕から修業させられているのだろう。彼らは、日本人の私たちを認めると、「やっと役に立つ出番が来た」とばかり、満面に笑みを浮かべ私たちのテーブルに来て注文を取ろうとした。

そのときだ。さっきの恰幅のいいホール長がやってきて小声で命令した。

「ここは、お前にはまだ無理だ。俺がやるから下がってろ」

肩を落として壁際に去る同国人を見るのは辛い。レストランのまわりには広大な畑と庭が広がり、野菜や蜂蜜、オリーブオイルもすべて自家農園製。味も噂にたがわず、大満足だった。そして、K氏が支払いをする際には、私たちのテーブルについたホール長のスキルにも感嘆することになった。昼間っぱらから、彼に勧められるままシャンペンやワインを飲んだのだからやむを得ないが、優に10万円を超えていたのだ。

K社長は眉ひとつ動かさずカードにサインをし、1万5000円分のチップを置き、ホール長の深いお辞儀に送られてレストランを後にした。運転手役のSさん、通訳の私、私の友人というだけで無為徒食のクララ、ごちそうになった私たち3人もまた、K氏に深々とお辞儀をしたのはいうまでもない。

食後は、エメラルドの洞窟へと向かう。海の状態によっては見物できないことが多い青の洞窟に比べて、エメラルド洞窟は穴場。少し湾状になった海岸にあるせいか、ほぼ確実に見ることができる。人も少ないし、船を乗り換える必要もない。ボートでゆっくり洞窟を周遊する（チップがほぼ強要されるのは、青の場合もエメラルドの場合も変わらない）。

カプリのサファイアに対して、こちらはオールであげるしぶきがエメラルド色に輝きながら空にちりばめられる。陽光の度合いや空気の澄み具合で、色の透明度が左右されるのが難点といえば難点だが、一見の価値はある。

その2　男たちのこだわり

　ナポリの見所を紹介したあとは、ナポリターノと呼ばれるナポリの住民について語りたい。ナポリ民謡〝オー・ソーレー・ミオ（私の太陽よ）〟の如く、明るくて女好き――日本人がイメージするイタリア男の典型はここにある。

　ナポリにスパッカナポリという下町がある。デ・シーカの映画『昨日・今日・明日』の舞台になった地区だ。ぐうたら亭主のマストロヤンニと、闇タバコ売買の実刑を逃れるため妊娠を繰り返す肝っ玉母さんソフィア・ローレン。ここには今も映画そのままの世界が残っている。景観美にうるさいイタリアでは、洗濯物を外に干すことは稀で、乾燥機能付き洗濯機が70年代から普及していたくらいだ。だが、密集した共同住宅に住むここの住民たちは、当然、ただで使える太陽を好む。彼らは、道路を隔てた向かいのアパートの窓に互いに紐を張り、滑車で紐をたぐりよせながら洗濯物を干す。かくして道の頭上には満艦飾の洗濯物がたなびくことになる。この下を引ったくりに怯えつつ歩くのもナポリならではの体験だ。

西洋美術教授の友人が日本から女子大の教え子15人余りを引き連れ、この地区を訪れた。安くておいしい食堂で夕食を済ませ、ホテルに帰ろうとタクシー乗り場に向かった。だが夜も更けた時間帯、金回りのいい客が多い地区に行っているとみえ、待てども待てども車は来ない。安全とは言いがたい地区に女の子ばかりを引率している怖さが増してきた。ちょうど通りがかった青年に頼んだ。「タクシーを呼ぶ電話番号教えてくれるかい」。青年は状況を見て言った。「友人がタクシーの運転手してるから呼んであげるよ」。地獄で仏。なんと、5分も経たないうちに信じられない数のタクシーが続々と集まってきた。青年の「若い日本の女の子が大勢……」という言葉が無線で伝わり、高級レストランやナイトクラブの前に待機していたタクシーは、レーサーのごとく車を飛ばし、一斉にスパッカナポリを目指したのだ。

「異常なタクシーの集団を見て、何事かと野次馬も集まるし、大変なことになりました」

友人は苦笑いしながら語った。

貧しくともお金より女性を選ぶ、これこそナポリ人なのだ。

狡猾ともいえるほどの頭の回転の良さも彼らの身上。真偽のほどは知らないが、第2次世界大戦終盤、ナポリに上陸したアメリカ軍の軍艦が一夜にして消えた話は有名だ。そのころから、ナポリ人はイリュージョンマジックの天才だったようだ。道路上で高級車を2台ではさみ、動きを封じ、そのうちの1台がガラスを割り運転者の時計などを盗む。彼らはこんな高度なドライビング・テクニックも駆使する。そういえば、ヴァレンティーノ・ロッシなどの二輪レーサーも、F1ドライバーも、圧倒的にイタリア人が多い。

さらに手先が器用なので偽物作りはお手のものだ。ナポリは密造、闇経済の中心地でもある。港があるので密輸も盛ん。マルボロが大量に出回っていて、子供たちが信号で停まる車に売りに駆け寄ってくる。ただしこれも、偽物が多いらしい。今、イタリアの新しい法律では、偽物を売った人だけでなく買った人も罰せられる。しかし、こんなことぐらいでおとなしく引っ込む彼らではない。必ず、法律の裏をかく新たな抜け道を考え出す。

ナポリ生まれのマッシモと知り合ったのは15年前。ミラノで仕事をしていた彼は、友人の娘や妻にまで手を出す並外れたプレーボーイだった。

彼にとって女性は子供のおもちゃみたいなもの。ちょっと遊ぶとすぐ飽きて、次の新しいモノに目移りする。彼は母親に会うためナポリに行くたびに、密造組織の友人から高級ブランドの女物時計をしこたま買い込んでいた。私は、その中から特別に一個3000円で、シャネルとダンヒルを売ってもらった。素晴らしい出来だ。本物よりやや軽いので手に取ると偽物とわかるのだが、腕に着けている限りまったくわからない。ダンヒルは3年も動き続けた後、裏ブタが落ちて使えなくなった。シャネルのほうは、ベルトの留め具が一度で壊れて着けられなくなった。

マッシモは、この偽物時計を常にひとつ、車のダッシュボードに入れていた。女性を車中で口説き、首尾よくベッドインの場合には出番はない。だが、女性が色よい返事をしない場合、彼は、ダッシュボードから時計を取り出し、さも哀しげにこう呟く。

「ジュネーヴで買ってきたカルティエのサントスだ（ブランド名と製品名まで正確に言及する）。今日、君との初めての夜の記念に贈ろうと思って持ってきたんだけど、君と寝ることができないなら、こんなものは何の意味も持たない！」

手に持った最高級時計を、彼女に見せつけ、その後いきなり窓を開け外に投げ捨てるのだ。もちろん女性は驚きの叫び声を上げる。その後、彼はひたすら無言で深い哀しみを演出する。女性は思う。「この人、こんなにも私のことを愛していたのね」。または「この人、もしや、すごいお金持ち？」。この小細工のおかげで大半の女は気を変えて、そのままベッドインになるとか。

いたずら好きな彼、ドイツの列車でも同様のことをした。コンパートメントで腕の豪華なオーデマ・ピゲの時計を見ながら、「おや、また4分も遅れてる。まったく最近はピゲも落ちたものだな」、こう言いつつ時計をはずし車窓から投げ捨てたのだ。まもなく停まった次の小さな駅で、同じコンパートメントの男性がそそくさと降車した。「きっとあいつ、レール沿いに必死で時計を探したぞ」。マッシモは愉快そうに思い出し笑いをする。

優しいナポリ人

ナポリ人は本来非常に優しい心の持ち主で、そのせいか、騙されてもどこか憎めない。友人のルイジとナポリに行ったときのこと。私たちは昼、海に浮かぶレストラン、トランス・アトランティコ（Trans Atlantico）を予約していたのだが、近くの駐車場は満杯で、少し離れた場所に路上駐車せざるを得なかった。車はベンツ。こんなところに置いていくのが不安でたまらない。高級車は駐車場ですら盗まれる危険がある街だ。駐車場の係員が盗みの連中とぐるになっていて、良い車が駐車したら連絡して分け前をもらうのだ。

昼の予約をキャンセルしようか、私たちが車の外で迷っていると、近くで見ていたひとりの少年が近づいてきて言った。

「よかったら、僕が見ていてあげましょうか？　新車みたいだから、傷付けられるのも怖いでしょう」

洗いざらしだが、こざっぱりした服を着た中学生くらいの男の子だ。ここは何でもありのナポリ、疑心暗鬼ではあるが、見張りはないよりましだ。「よし、お願いするよ。チップははずむからな」。こう言い残して私たちはレストランへ向かった。昼食は、日本人が「素寒貧・空回り」と覚えるスカンピ（小エビ）やカラマーリ（ヤリイカ）を堪能した。新鮮なのでマリネにしてもフライにしても最高。

ナポリ料理に大満足して車に戻った私たちは、少年が真上から照りつける太陽に晒され、汗びっしょりで車に寄りかかって座っている姿を見た。ここには陰になるものもなかったのだ。ルイジは1000リラ札を数枚重ね、彼に差し出した。「ありがとう。ごくろうだったね」

なんと少年は「いりません」ときっぱり断ったのだ。

「僕は、ナポリで悪い思い出を作ってほしくなかっただけなんです」

ルイジの車はモデナのナンバープレートを付けている。日本人と北部イタリアの客人の困った様子を見て、ナポリっ子の少年の郷土愛が目覚めたのだろうか、いくら言っても決してお金を受け取ろうとしない。さわやかな笑顔を見せ「ブオン・ヴィアッジョ（良い旅を）」と見送ってくれた少年、決して裕福とはいえない環境に生きる彼の矜持に、私たちは深い感動を覚えていた。「要領がいい奴らばっかりじゃないんだな」。ルイジもナポリを見直したようだ。

こんな優しさに出逢うのがナポリを訪れる楽しみになる。

ナポリでブーツを買ったときのこと。私の足は、古き日本人の常として、膝から下がやや曲がっている。試着した流行りのぴったりブーツに無事ふくらはぎが入ったのは良いのだが、足が曲がっているので、本来均等に隙間が開くはずが、両膝の外側にのみ隙間ができる。恥ずかしくなって「やだわー、私の足が曲がっているから……」と口ごもると、店員の男性はすかさず言った。

「お嬢さん、とんでもない。聞いたところによると、来年は、やや曲がった足が流行るらしいんですよ。今、ナポリ中の女性は、毎晩必死で足を曲げる努力をしてるんですよ。あなたは最高にトレンディだ！」

彼は、自分の足を抱えて曲げる様子を再現し、私の恥ずかしさを笑いに変えてくれた。どうして、こう口から出まかせのせりふがすぐ出てくるのか、私はその臨機応変な対応に感激し、ブーツを買ったのだった。ナポリ男たちは空想力に溢れたファンタジスタだ！

出世する政府系の役人にナポリ人が多いのもうなずける。現に、今のイタリア大統領も、ナポリターノ（ナポリ人）という名を持つ生粋のナポリ人、実に雄弁で如才ない。

ナポリ人は、おしなべて雄弁なイタリア人の中でも、群を抜いたおしゃべり好き。彼らが話すナポリ方言は抑揚に富み、音楽を聞いているように心地好い。その方言の罵り言葉に〝サルータ・マ・ソッラタ〟(お前の妹によろしくな)というものがある。言われた男が怒り狂うのは、「お前の妹とやったぞ」という意味だからだ。家族の絆と誇りを大切にする南イタリアらしい罵り言葉だ。

イタリア語には「セックスする」という動詞が星の数ほどあるが、ナポリ弁では「フォッテレ」という。ナポリみやげのTシャツに、大書した数字に疑問符をつけ「42?」、その下に「オフコース(英語で〝もちろんさ〟)」と書いてあるものを見つけた。意味を尋ねると、42は英語では〝フォーティ・トゥー〟。イタリアなまりの発音では〝フォッティ・トゥ〟となり、ナポリ弁で「やってるかい?」の意味になる。ただの数字も必ず〝あれ〟に結び付けるところ、やってるのが〝あったりまえ〟のところも、まさにナポリ人の真骨頂。

コルク張りの壁、その用途

ナポリの中心に、大天蓋で覆われたウンベルトI世ギャラリーがある。ここには朝から大の男が大勢たむろして、派手なジェスチャーを交えておしゃべりをしている。ナポリの人たちのジェスチャーは、際立って派手なことで有名だ。イタリア人犯罪者は、自白を促す取調官に「この手錠をはずしてください。手が動かないと何も話せないんで……」と言うらしい。実際、イタリアのジェスチャーには言葉並みの意味があり、身振りだけで会話もできるくらい充実している。来日してイタリア語の先生から芸能人になったジローラモもナポリの出身なのだが、不思議なことに、彼、イタリア語のときは派手に手を使っているのに、日本語で話す時には、手は止まったまま動かない。イタリア語は身振りと抱き合わせで成立する言語のようだ。

私がこのギャラリー内にあるオフィスに出かけたときのこと。建物の入り口付近で、二人の男性が派手に両手を動かしながら熱っぽく語り合っていた。私は2時間半後仕事を終え外に出た。驚いたことに、二人は、同じ場所で飽きずに話し続けていたのだ。

驚きついでに、私は、しばしこの初老の二人を観察した。双方とも、くたびれてはいるが、きちんとしたナポリ仕立てのスーツを身にまとい小柄模様のネクタイを締めている。重厚かつ優雅なこの場所にマッチする装いだ。手先が器用な職人が多いナポリは、ロンドンのサビルロードと並ぶ、正統派テーラー仕立てのスーツの本場だ。「アットリーニ」「キトン」「イザイア」は上流紳士や政治家を常連客に持つ老舗。やはりナポリの「マリネッラ」のネクタイは、サミットの際イタリアが国賓に贈った品で、この店に行くと、何百ものネクタイ生地から好みのものを選び、芯地、形、幅なども指定してあつらえてもらうことができる。つまり、自分だけが持つ、こだわりのネクタイを作ってもらえるのだ。

ナポリ仕立ての高級背広に身を包んだ上品な紳士G氏は、人々から「教授」と呼ばれ尊敬されている考古学の権威だ。考古学の本だけでなく世界の美食レストランの食べ歩きガイドまで執筆するグルメでもある。

日本の出版社の女社長、T女史とこの方に会いに行ったときのこと。夕食時、私は、通訳としてお二人の間に座っていたのだが、G氏、食事中、T女史の質問にはおざなりの返事をするだけで、あとはすべて私個人への話に終始したのだ。私は、なんとかT女史も会話に入っていただこうと気を使い、教授の会話の内容を随時訳していたのだが、その内容がどんどんエスカレートして、訳すに訳せなくなってしまった。

「私は、インド考古学も研究していて、インドには通算5年は住んだでしょうか。そこで深めたのはカーマスートラです。昼は研究、夜は研究の実地調査に努めました。インドの女性は、実に魅惑的で、セックス好き、どんな体位もOKでした。私はインドでカーマスートラの奥義を極めたと自負しています」

延々と続く、自分のテクニック自慢だ。アカデミックなT女史は、この人をイタリアを代表する知性と尊敬しているので、内容を正確に伝えると、彼と出版のネゴをする気もなくなるのではないか。私は気が気ではない。T女史、そのうち、一緒にテーブルを囲んでいた日本人社員と話し始められた。それを見たG氏はますます図に乗った。

「君は今、〇〇ホテルに泊まっているの？　そんなところに居るくらいなら、うちに泊まりに来たまえ。プレビシート広場のすぐそばの由緒ある建物なんだ。古き良きナポリが味わえるから、きっと気に入るよ。僕は、曾祖父の代から、ここに住んでいるんだ」

そして声を潜めて言った。「来たら僕の寝室を見せてあげるよ。祖父の代に張ったゴブラン織の高価な壁紙をはがして、全面コルク張りにしたんだ。なぜかわかるかい？」。想像もつかないでいる私に教授は言う。「夜、女性があんまり金切り声で叫ぶから、同じアパートの住民が殺傷事件と間違えて警察に通報したんだよ。吸音性のあるコルクにして、やっと落ち着いてセックスができるようになった。コルクは素晴らしいね。隣の部屋にいても何も聞こえないくらい遮音性がいいんだ」。唖然とする私にさらに囁いたのは、

「君を思い切り叫ばせてみたいな」

初対面の私に大胆なお誘い。70歳に近いG氏のパワーには脱帽だ。

このオファーを受けた後、私はワインのコルク栓が捨てられなくなった。溜めていつか我が家の壁にも張るつもりなのだ。しかし、そんな量のワインを飲むにはあと何年かかるのか。どちらにしても、充分な量が溜まったころ、コルクに吸音させるのは〝いびき〟の音くらいになっていることは確かだ。

第6章
ヴェネツィア

その1　妖艶な運河の街

「水の都」と銘打った街は世界中にある。ベルギー・ブルージュ、中国・蘇州、台湾・高雄、そして、日本の倉敷。喧騒の街大阪も自称「水の都」。

しかしヴェネツィアこそ本家本元、21世紀の今も船を唯一の移動手段にし、毎年海と結婚式を挙げる、水と一体化した都なのだ。結婚式ではヴェネツィア市の代表が船から金の結婚指輪を海に投げ入れ、高らかに宣言する。

「海よ、私はお前を娶《めと》る。お前が永久に私のものであるように」

「海の女王」「アドリア海の真珠」とも称えられるヴェネツィアは、四季折々その表情を変える。運河沿いに並ぶ豪奢な館が青い空にくっきり輪郭を浮かび上がらせる春。サン・マルコ聖堂の金色のモザイクが日差しにきらめき、世界中から来た観光客で溢れかえる夏。斜光が街の陰影を徐々に濃くしていく秋。人けが消え、ヴェネツィアが素顔を見せてくつろぐ冬。時折雪化粧する街は、ミルク色の霧の中にひっそりと沈む。

ヴィスコンティが『ベニスに死す』で描いたのは、夏の喧騒が消えたあとのヴェネツィア。彼がこよなく愛したけだるい退廃が、祭りのあとの街にひそやかに忍び寄り、冬に頂点に達する。だから、冬、霧の中をひとりで歩きまわってみないと、ヴェネツィアの真髄に触れることはできない。

ヴェネツィアに入る陸路は、本土から海上に敷設されたまっすぐな道。車窓から海が見え始めると、それだけで気持ちが高揚してくる。車道の終点はローマ広場。巨大な駐車場に車を置き、あとは徒歩か水上バスで市内に入る。

一方、鉄路の旅ではミラノから東へ約3時間半、終点は引き込み線のサンタルチア駅。駅に降り立つと、アメリカのハイミスがイタリアの妻帯者と束の間の恋に落ちる映画『旅情』のエンディング・シーンが浮かんでくる。くちなしの花を手に持ちホームを走って見送るロッサノ・ブラッツィ、窓から身を乗り出して懸命に手を振るキャサリン・ヘップバーン。イタリアの男性は、いつの時代も、世界中の女性に擬似恋愛の喜びを与えてきた恋の伝道者なのだ。

恋の伝道者といえば、18世紀のヴェネツィアが生んだ天才プレーボーイ、カサノヴァが頭に浮かぶ。「男がどうしてもものにできないほど貞操堅固な女はこの世に存在しない」。こう豪語し、身分も年齢も国籍も問わず、美しい女性なら誰とでも片っ端から寝た男だ。

カサノヴァは、稀有な美男子だっただけでなく、筋肉質で長身の肉体、敏捷で優雅な動き、まめで細やかな心遣い、贈り物上手、巧みな話術、プロ並みのヴァイオリン、深い教養と語学能力、これらのすべてを備えていた。引っかからないほうが不思議だ。修道女とも浮き名を流しているので、神をも忘れるほど魅力的な男性だったことは確かだ。ただし、彼が女を誘惑するのは、征服欲と新しいものへの好奇心ゆえ。寝たあとは即座に興味を失う。この性格は、今もイタリア男性に連綿と受け継がれている。

そして、もうひとつ、イタリア男に代々受け継がれているのが「ただで寝る」伝統。カサノヴァも言うとおり、女を金で買うなんて、男の無能さの証でしかないのだ。

街全体が遊郭

ここで、18世紀、もはや衰退の一途を辿っていたヴェネツィアの特殊な事情を説明しておかなければならない。そのころヴェネツィアは欧州最大の歓楽都市になっていた。賭博と乱交。なんとカーニヴァルが6ヵ月も続き、期間中、貴族を含めた住民は老若男女、夜ごと仮面とマントで変装し、誰彼となく淫行にふけっていたのだ。不思議なことに道徳観は地に落ちていたものの、欧州一、二を争う清潔で安全な都市だった。今も残る「おっぱい橋」（女性たちが窓から乳房を見せ、男を誘っていたところからついた名前）のたもとにあった公設遊郭も、しろうとが自由恋愛をする街では立ち行くはずもなく、閉鎖された。当時ヴェネツィアを訪れたフランス人旅行者はこう記している。

「ヴェネツィアに遊郭はない。この街全体が巨大な遊郭だ」

情けないことに、カサノヴァに数世紀先駆ける色事師、光源氏の末裔なのに、日本男性は、その方面ではあまりに控え目。２００５年の年間セックス回数調査でも見事最下位を死守している（各国平均１０３回、日本45回。なんとトップの３分の１）。

しかし、自信を持ってほしい。日本男性を愛してやまない女性たちもいる。それがプロの女性たち。主要先進国でのアンケート調査の結果、彼女たちに最も愛されているのが日本人、反対に最も嫌われているのがイタリア人だという事実が明らかになった。口下手な日本人にとって、セックスは金で片付けるのが当たり前の行為（言葉が通じない海外ではなおさらだ）。おしなべて金払いがよく、満足すればチップやおみやげまでくれ、風呂好きなので清潔で、その上早く終わる。彼女たちの人気ナンバーワンになるのもうなずける。

翻ってイタリア人。料金は値切るわ、なかなか終わらず要求も多いわで、プロには圧倒的不人気。ここで誤解を避けていうと、イタリア人は決してけちではない。「ただで」できる女性を手に入れるための食事代や花などのプレゼントに金は惜しまないからだ。狩猟民族の彼らは、口説きのテクニックを駆使して獲物を獲得する手順を楽しみたいのだ。自分を売り込み、自分と寝るよう、話術で相手を説得する。これこそ男の能力の見せどころ。金さえあれば誰でも手に入れられる女なんておもしろくもなんともない。そんな彼らだから、やむをえずプロを買うときは、ひたすら商売の論理に徹する。女性を買うのは、彼らにとって屈辱の最終手段なのだ。

娼婦はイタリア語で「プッターナ」。もちろんほかにも「トロイア」「バットーナ」「ゾッコラ」など無数のスラングがある。

プロの女性で思い出すのは、ヴェネツィア最高級の誉れ高いホテル・グリッティで見た光景。1979年、私たち日本人3人はイタリアの会社の接待夕食でこのホテルに出向いた。船着き場からロビーに入ってすぐの片隅、ほの暗い照明のなかで厚化粧の日本女性が立っていた。年のころは20代後半か、金色の竜を刺繍した黒のはっぴの下には超ミニのホットパンツ、惜しげもなく白い腿を露出している。真っ黒な長いストレートヘアーに切れ長の目、気品がある顔立ちには不似合いな格好が彼女の職業を物語っていた。私たちは、見てはならないものを見たような気がして、そそくさとレストランへ入った。

街灯の明かりが水面に揺らぐ運河、柔らかなキャンドル・ライト、着飾った優雅な人たちのさざめき、夜のヴェネツィアのレストランは、日常、つまり「ケ」を忘れる「ハレ」

の幻想祝祭空間だった。海の幸を堪能し、レストランを出た私たちが目にしたのは、2時間近く経っているのに、相変わらず同じ場所に立ち尽くしている彼女だった。私たちは、それぞれ無言で同胞の彼女の境遇に思いを馳せていた。夢と希望に溢れてイタリアに来たはずの彼女が、イタリア男性にちやほやされているうちに道を踏み外したのか。あの美貌であれば、お金持ちの愛人になることぐらいたやすいことだ。それなのに、わざわざ富と幸に恵まれた人たちが集う場所を選んで立ち続けている。彼女の胸中を思うと、次第に気が塞いできた。

晩秋のあの夜からすでに20年以上の月日が経った。記憶をたぐっても彼女の顔は明確な線を結ばず、まぶたの奥に再現されるのは、長い漆黒の髪と真っ白な太腿だけである。

そしてやっと今頃になって、私に、もうひとつの真実が見え始めてきた。貴族の人妻も修道女も、我を忘れて愛欲にふけったヴェネツィアは、女性の官能を狂わせる魔性の街なのだ。あの夜の彼女も、生活に困った末ではなく、エマニエル夫人のごときマゾヒスティックな気分であの場に立っていたのではないだろうか。彼女が自分自身に課したおしおきか、それとも、どこかから年老いた愛人が彼女を眺めて放置プレーを楽しんでいたのかもしれない。私の頭に彼女を巡る妄想が次々に浮かんでくる。ヴェネツィアは、そんな妖艶な空想を飛翔させる街なのだ。

パトロンとの出会い

官能の街、ヴェネツィアは、イタリアで最も物価が高い都市でもある。観光都市だからというだけでなく、車が使えないのでモノの輸送コストが高くなるのだ。

実際、船で拠点の港に運んだあとは、キャスター付きの台車で、階段や橋を越えひたすら歩いて運ばなければならない。軽い紙幣も輸送コストが加算されているのか、2008年4月、市内の両替屋は、1ユーロを205円というすさまじいレートで交換していた（銀行レート140円のとき）。

スポット客を相手にする観光地には、いいレストランがないのが普通なのだが、ヴェネツィアは例外だ。ハリーズ・バール（harry's Bar）は、そこ自体が観光スポットにもなっているくらい有名なバール・レストランなのだが、創業者チプリアーニ氏のオリジナルな味が大切に守られている。彼が創案したのが名物カクテル〝ベッリーニ〟と、すでに日本でもおなじみのカルパッチョだ。絵が好きだった彼らしく、いずれも画家の名前をつけている（ヴェネツィア派のジョヴァンニ・ベッリーニとヴィットレ・カルパッチョ）。

ベッリーニは、小ぶりの白桃をその場でマッシュして作った果汁に、コネリアーノの発泡性白ワインをブレンドしたカクテル。暑い夏、よく冷やしたベッリーニを喉に流し込むと、まさに桃源郷。世界中から、ほんものを味わおうとする客が集まってくる（瓶入りも売っているが、似て非なるもの）。下のバールでベッリーニをひっかけて、らせん階段を上るとレストランで、カルパッチョを、前菜としてもセコンドとしてもオーダーできる。元祖カルパッチョにもこだわりがある。使う牛はトスカーナのキアニーナ種、脂身を丁寧に取り外し、サーロインの部分の赤身だけを使う。意外なことに、ソースはオリーブオイル仕立てではなく、マヨネーズ、ウスターソース、レモン汁にミルクというアメリカ風。しつこいかと思ったがソースは上品に仕上がっていて、牛肉に実によくマッチする。唯一残念なのは、アメリカ人が多く、まわりで聞こえるのが英語ばかりの点。ヴェネツィアにいる気がしなくなる。

ハリーズ・バールは見るからに高級で入りにくいという方には、レアルト橋近くのトラットリア・アッラ・マドンナ（Trattoria alla madonna）がお勧め。ヴェネツィア風レバー、いか墨スパゲッティ、ゆでただけのカノッキア（しゃこ）、とうもろこしの粉で作ったポレンタなどは、是非試していただきたい。昔は貧しい人の食べ物だったポレンタも、今では洗練された料理に変身している。

さて、宿泊のほうだが、ヴェネツィアのホテルは高いだけでなく、満室のことが多い。

友人一家は夏の旅行に出かけ、ヴェネツィアだけホテルが見つからず困っていた。すると知人が、「祖母が亡くなったあとは誰も住んでいないので自由に使ってくれ」とヴェネツィア市内の邸宅を提供してくれた。幸運に狂喜し宿泊させてもらったのだが、一夜あけた翌朝、家族全員、体中をダニに刺されていて早々に退散した。友人たちは、その後のイタリア旅行中、かゆみとの戦いに苦しんだらしい。水辺の古い家は、手入れしないと、すぐにダニやねずみの巣窟になる。維持費がばかにならないので、先祖から受け継いだ家も売る人が多い。住民も減り続けている。だが、維持費や高い生活費が苦にならない財力さえあれば、ヴェネツィアに住みたい人は多い。

そんな、あこがれのヴェネツィアで、王侯貴族のごとき生活を送った日本女性がいる。チェスキーナ・永江洋子さん。苦学して東京芸大ハープ科を卒業し、ヴェネツィアに留学。そこで21歳年上でイタリア屈指の富豪チェスキーナ氏に見初められ結婚。夫は300億円の遺産のすべてを彼女に譲るとの遺書を残して死亡。一族が代々築いた資産を日本人ひとりに持っていかれるのが我慢できず、夫の甥が私文書偽造で彼女を訴えた。判決は無罪。子供がいない彼女は、今、使いきれない遺産を恵まれない音楽家のパトロン活動に使っている。日本人の若い女性ヴァイオリニストに、数億円のストラディヴァリウスを貸与したときも、メディアで彼女の名を目にしたが、2008年にはなんと北朝鮮にニューヨーク・フィルを送り演奏会を実施した。チェスキーナ氏の親戚は地団駄踏んで口惜しがっているかもしれないが、彼女のお金の使い方は潔くかつさわやかだ。

そういえば、一介の貧乏司書カサノヴァも、落とし物を見つけてあげた貴族の有力者に気に入られ、庇護を受けるようになった。そのおかげで、働きもせず色事だけに精を出す裕福な生活が送れるようになったのだ。ヴェネツィアは、そんなシンデレラ物語の舞台にもふさわしいマジカルな街だ。

夜の迷子

ヴェネツィアは迷宮都市でもある。

大小の運河とその間にある無数の小路は、まさに迷路。地図を見ても方向感覚が定まらず迷いまくる。地元の人に聞かないと道を教えてもらえないのだが、歩いているのは観光客ばかり。私も、ホテルに帰りつけず途方に暮れたことが何度もある。

初めての迷子体験は、ホテルに帰る途中目にした泥酔男性が原因。この人は、私がイタリアで見た最初で最後の酔っ払いだ。

夜のお勤めを酒より重要視するイタリア人は、立派なことに酒量を自制するので決して酔わない。だが、ここヴェネツィアは、安い立ち飲み屋も多く、車が走っていない安心感もあるせいか、結構呑兵衛が多いのだ。

私は、ふらつく足で踊るように歩くこのおじさんに興味を引かれ後をつけた。あの酩酊ぶりでは、幅の狭い小道になったら絶対に足を滑らせて運河に落ちる。そう思ったからだ。バイロンがよく泳いで渡っていたという大運河は、最も深いところで5メートル。小運河でも船が航行するくらいだから決して浅くはない。私には溺れる男は助けられないが、大声で助けを呼べばいいだろう。

だが、心配と、もしかして運河に落ちるかもという野次馬根性とでおじさんを尾行したのはまったくの徒労に終わった。さすがおじさん、長年の勘か、綱渡りの名手のごとく、どんなに揺らいでも、あと数センチのところで踏みとどまり決して水中に落ちない。右に左に何度も細い道を曲がりながら、無事に家に帰り着き邸内に消えた。

そして、その後、私は道を尋ねる人にも出会えず、泣き泣き1時間も夜のヴェネツィアをさまよったのだった。

途中、暗い建物の陰で濃厚な抱擁を交わすカップルを何組も見かけた。もちろん取り込み中のカップルに道を聞くわけにはいかないし、商売女と誤解されるので、男性に声をかけるわけにもいかない。その上、夜目遠目という恩恵もあったのに、時折すれ違うひとり歩きの男性から声をかけられることもなかった。私は、世紀の官能都市、ヴェネツィアを、夜間ひとりで徘徊していることに、やり場のない怒りを募らせたのだった。

初訪問から数えて、私のヴェネツィア旅行は計7回にも及んでいる。残念なことに、私の滞在は、カサノヴァにも大富豪にも性豪にも縁がないまま終わっている。思えば、「誰とでも寝た」というカサノヴァだが、ちゃんと「美しい女なら」というフレーズが、その前に付いている。

どうやら、私は、ヴェネツィア人の審美眼のハードルを越えられないまま、無為に年齢を重ねてしまったようだ。

その2　悲哀のゴンドラ

世界中で最もコピーされている街はヴェネツィアだ。おどろおどろしいはりぼての街に変換されたヴェネラスヴェガスやディズニー・シー、ヴェネツィアを見るのは哀しい。手をこまぬいているのもしゃくだったのか、ヴェネツィア市は、2000年、ニューヨークの"I love NY"キャンペーンの二番煎じを企画、街のロゴデザインを作成し使用料を取ることにした。その後の収支は不明だが、その間も本物のヴェネツィアは沈下を続けている。ユネスコもEUも基金を出して沈下を食い止めようと必死だが、いまだ決定打は見つかっていない。まだ見ていない人は、人で溢れかえる夏を避けて急ぎ訪れてほしい。できたら、妻ではなく愛人と……なぜならヴェネツィアほど恋の逃避行が似合う街はないからだ。

昨年、若い友人A子から来たメールを紹介しよう。彼女は27歳、私の本の読者で、読後「人生を楽しく生きたくなり」銀行の総合職を辞めて、フィレンツェに語学留学に旅立った女性だ。

〈D氏から突然電話があり、〝今、仕事でヴェネツィアにいるが、ここで君と過ごしたい〟というお誘いを受けました。彼は、奥様と結婚後15年間一日たりともセックスを欠かしたことがないのが最大の自慢という愛妻家です。

夜伽の出前？　私は宅配ピザ並みの女かと一度は断ったのですが、魔性の街の催眠にかかったのか、結局知らないうちにヴェネツィア行きの列車に飛び乗っていました。切符を買う時間がなく、車内割増料金で買う覚悟でしたが、3時間半、一度も検札に来ず、ラッキーにただ乗りでした（イタリアのそういうところは大好きです）。ヴェネツィアに着いたのは夜12時過ぎ。駅まで迎えに来てくれた彼とホテルへ直行。それがホテル・ダニエリ、これ以上の舞台装置はありません。ロビーに入った途端、体中が妖しい気に包まれたようでした。それから、朝まで5回、いや6回だったか……もうふらふらで、最後には吐き気もしてきました。快感も何もあったものではありません。彼は一睡もせず、朝8時には仕事に出かけていきました。私は、Don't Disturbの札をかけひたすら眠りました。

彼が部屋に戻って目覚めました。ローマで問題が起こったので、すぐ帰らなければいけないというのです。もう、午後3時、仕度のため起き上がろうとすると、彼はそのまま私を押し倒し、昨夜の続きです。急いでいると言いながら、始めるとやめられないのか、また2回。「ヴェネツィアは不思議な街だ、体がうずく」と言っていましたが、今まで誰も、「セックスは回数じゃない」って彼に教えなかったのでしょうか。

折角のダニエリ宿泊体験も、夜中に着いて、ずっとカーテンを引いた部屋のベッドで過ごしたので、部屋からの眺めも見ていません。その後は駐車場へ急ぎ、彼は、アルファロメオを時速200キロで飛ばし、フィレンツェで私を降ろすと、また風のように去っていきました。食事も帰路、高速のドライブインで食べた軽い夕食だけ。丸々24時間の「逃避行」?でしたが、夢遊病状態から醒めたあとは、痛みだけが残る状態の自分に怒りが湧き上がってきました(私は一度もイケなかった!)。

ヴェネツィアと聞くだけで、女は理性を失ってしまうのです。それにしても、彼54歳ですよ。徹夜でセックスして翌日働き、またセックス、その後ローマまで走り朝方帰宅。恐らくアリバイも兼ねて奥様とすぐやるのでしょう。情緒もテクニックもないけど、その絶倫パワーには脱帽でした〉

顔が広いD氏を彼女の役に立つかと紹介したのは私。まさか、そんな人だったとはと驚き、次にA子に驚く。

日本では、あんなに真面目で内気だったのに、人が変わったように奔放になっている。私の本がひとりの日本女性の人生を大きく狂わせてしまった。強い責任を感じる。

栄光と繁栄の象徴

しかし、ヴェネツィア最高級の5つ星ホテル、ホテル・ダニエリに泊まれたことは、彼女にとって不幸中の幸い。

ホテル本館は、14世紀のヴェネツィア共和国総督ダンドロの私邸だった宮殿で、一泊10万〜20万円。庶民には縁がないホテルなのだが、屋上テラスで昼食を取るくらいの贅沢は経験してほしい。眼前にアドリア海、リド島やムラーノ島、聖ミケーレ教会などの見事な眺望がひらける。ここから無限に広い海と空を眺めていると、束の間、総督になった気分を味わうことができるのだ。もちろん、天蓋付きのベッドがある部屋からも、海や運河の眺めが楽しめる。数々の映画ロケに使用されているほか、世界のセレブも御用達で、1834年には、ショパンやリストなどと浮き名を流したジョルジュ・サンドが、詩人のアルフレッド・ド・ミュッセと投宿している。

ロビーは、ピンクの大理石、金箔の柱、ムラノグラスのシャンデリアで絢爛豪華。フロアのあちこちに敷かれているのは、小サイズの高級ペルシャ絨毯。大きなサイズの絨毯のほうが高級感が出てホテルの格式にも合うのだが、これにはわけがある。

高潮になると1階はあっという間に水浸しになる。水位が上がり始めると、従業員は総出で絨毯を巻き素早く上階に避難させせなくてはならない。そのため、持ち運びが簡便なサイズに統一してあるのだ。

ダニエリの隣にあるのがパラッツォ・ドゥカーレ、旧総督府。立法、行政、司法の中心であった宮殿は、ヴェネツィアの栄光と繁栄の象徴だ。アラブ、ビザンチン、ゴシック、ルネサンス各様式が美しく調和する建物は、荘厳さと優美さを兼ね備えた傑作で、ヴェネツィアの玄関口にふさわしい。

今はポータブルガイドで日本語の説明を聞きながら自由に回ることができるが、私が訪れた1973年は、専門のガイド付きツアーがあり、50人集まると出発していた。しかし、みな、説明を聞くのは最初だけ、すぐに飽きて勝手に見始める。

ガイドは高校教師を退職し、アルバイトで案内の仕事をしているジョルジョというおじさん。彼は、大評議会の間にずらりと掲げられた肖像画の歴代総督76人の偉業を説明しつつ、二言目には言う。

「みなさん、我々の先祖はかくも偉大だったのです。イタリア人は本来世界有数の優れた民族なのに、今の我々は最悪です。是非、もう一度イタリアの誇りを取り戻そうではありませんか」

ムッソリーニの主張にも似た彼の熱弁に、現代イタリア人たちは馬耳東風、張り合いのないことはなはだしい。

しかし、おじさんの言うとおり、ヴェネツィア人は偉大だった。奥行き14メートル、幅13メートル、高さ17メートルの評議場の大広間は、間に一本の柱もなく重量を支え続けているし、部屋を飾る世界最大の板絵〝天国〟も圧巻の迫力で迫る。絵にサインする習慣がなかった昔は、サイン代わりに登場人物に自分の顔を描いていたというが、この絵の作者ティントレットは神をも恐れぬ行いで、キリストに自分の顔、聖母に妻の顔を描いている。

ジャコモ・カサノヴァも収監され、見事脱獄した牢に続く「ため息橋」でこのツアーは終了。ため息をつきながらこの橋を渡った罪人たちの8割は、二度としゃばに出ることはなかったこと、政治犯は最も低い階の牢に収監され、腰まで水につかる生活を強いられたこと、さまざまな知識を披露して案内してくれたおじさんにひとり150円のチップを渡しツアーは解散。

帰りかけた私に、おじさんが話しかけてきた。

「お嬢さん、私はこの仕事をもう10年近くやっているんですが、あなたほど最初から最後まで熱心に私の説明に耳を傾けてくれた人はいませんでした。逐一メモに取りながら、見るもの聞くものに目を輝かせ感嘆してくれる。ガイド冥利につきるというものです。実は、もうこの仕事をやめたくなっていたんですが、10年に一度でもあなたのような人にヴェネツィアを説明できるなら悪くないなと思い始めました。もし良かったら、午後は非番ですからヴェネツィアを案内しますよ。もちろんお金はいりません」

私は真面目そうなジョルジョおじさんのお誘いを喜んで受けることにした。

そして午後、ヴェネツィア育ちの彼が見せてくれたのは、住む人だけが知る生きたヴェネツィアだった。「この家は、昔○○が住んでいて……」「この邸宅は、両側にバルコニーがある唯一のもので……」。住居の壁の小さな絵にもすべていわれがある。ある家の玄関のそばに、壁から突き出したレンガの壺があった。

「これは〝公共の壺〟と言って、接待された家の外で食べたものを吐くための壺です。それが、『食べ切れないほど食べさせてもらった』という感謝のしるしだったのです」

彼は自分が住む家も見せてくれた。1階の部屋の中心に、15世紀のものだという大きな石臼が鎮座している。ここでも、浸水する1階部分には大きな家具は置かれていない。2階が寝室。奥さんは、入院中の母親のもとに行って留守というので、ちょっと身構えたのだが、彼はひたすら真面目に説明する。よく考えれば、イタリア人の偉大さを力説する誇り高い彼が、変なことをするはずがない。疑ったことを恥じ、質素な家を見せてくれる優しさに胸が熱くなる。彼は言う。

「夜、深い静寂の中で、運河を通る船のオールがきしむ音、波が建物の壁にちゃぷちゃぷとぶつかる音が子守唄のように聞こえるんです。旅に出ても水音が聞こえないと寂しくて、なかなか寝付けません。私は見てのとおりお金持ちではありませんが、ヴェネツィアで最高の心の贅沢を楽しんでいるんですよ」

その後もジョルジョは裏道をくねくねと回り、次々に隠れたヴェネツィアを見せてくれる。こうして2時間後、彼は、出発地のサン・マルコ広場に、一度も同じ道を通ることなく私を送り届けてくれたのだった。

鮮やかなオレンジに染まった夕空に、徐々に濃さを増すグレーが重ね塗りされ、ヴェネツィアは夕闇に沈み始めていた。街灯に明かりが灯り、色ガラスがぼんやりしたローズ色の光暈《こううん》を放つ。私はお礼に「食前酒でも」と、彼を近くのカフェ・フローリアン（Caffè Florian）に誘う。1720年創業、バイロンなど多くの文人も通った由緒ある喫茶室だ。しかし彼は、若い女性におごらせることを潔しとしない紳士だった。

「私は、ここで食前酒を飲むほどリッチではないのです」

彼は堂々と答えると、私の手を痛いほど握り締め、「ブオーナ・フオルトウーナ（幸運を祈ります）」と言って去っていった。彼のヴェネツィアに対する純粋な愛がひしひしと伝わってきた、満ち足りた午後だった。

ああ！　手鼻に「オーエ」

ヴェネツィアに最も似合う乗り物は、やはりゴンドラだ。モーターボートがタクシーなら、ゴンドラはハイヤー、料金も1時間で約1万5000円と高い。定員の6人で乗れば割安だが、カップルで乗ってこそ雰囲気が出るというもの。話の種にちょっと乗れば充分と思われるむきには、トラゲットを利用する手がある。橋がない地区の渡し舟に使われており、向こう岸まで束の間のゴンドラ旅が70円程度で体験できる。

いにしえの昔、ゴンドラはヴェネツィア貴族の自家用車。金持ちは2〜3隻を持ち、金箔、ゴブラン織などで内装外装の豪華さを競っていたが、ペストが流行ったとき奢侈《しゃし》を戒める政令が出され、それ以後黒に統一されている。

昔は防寒の目的も兼ねて、取り外しできる幌が付いていた。そして人目のない幌の中、男女がいれば、当然そちらのほうが始まる。カーセックスならぬゴンドラセックス、水の振動が更なる興奮を喚起したに違いない。

長く細いゴンドラを漕ぐ船頭には、優れた平衡感覚が必要なのだが、よく通る声も持っていなくてはならない。狭い小運河に入るときは衝突を避けるために、クラクション代わりに「オーエ」と叫ぶ決まりがあるからだ。この太いバリトンの声が両岸の建物の壁にこだまし、水音とともに妙《たえ》なるフーガを奏でる。ヴェネツィアならではのBGMだ。

初めてのヴェネツィア滞在の7日目、出発の日が来たがどうにも去りがたい。センチメンタルになった私は、ヴェネツィアの景色をしっかり目に焼き付けておくため、清水の舞台から飛び降りてゴンドラを雇った。

ホテルから列車の駅まで、水上バスで10〜15分の距離を45分もかけてゴンドラで行く。ヴェネツィアに別れを告げるにふさわしい儀式だ。私は、青と白の縞のシャツに首にスカーフを巻いた粋な船頭を期待していたのだが、その朝、櫂を握ってやってきたのは、痩せた初老のおじさん。

力が弱いのか、時々ゴンドラが大きくかしぐし、超スローモー。観光客に歌を歌うのも船頭の役目。しかし、この覇気のないおじさん、歌を歌わないのはもちろんのこと、5分おきにつばをはき、手鼻をかんで鼻水を運河に飛ばすのだ。私はその飛距離に驚きつつも、おおいに鼻白んだのであった。

あの時「愛する人と二人きりで乗るときが来るまで二度とゴンドラには乗らない」と固く誓って以来、私のゴンドラ断ちはいまだ継続中だ。

第7章
ヴェネト地方・ブレンタ運河

尽きぬ夫婦愛

北イタリア内陸部のミラノから東に向かって進むと海の都ヴェネツィアに出る。距離にして273キロ、特急列車でわずか3時間半の道筋には、途中下車して見るべき都市が星座のごとくちりばめられている。ベルガモ、ブレシャ、シルミオーネ、ヴェロナ、ヴィチェンツァ、パドヴァ、そしてヴェネツィア。ロンバルディア州とヴェネト州に点在するこれらの都市は、魅力的な観光地というだけではない。イタリアの工業地帯を形成する豊かな地域でもある。

車で移動できる方々にお勧めなのは、エルマンノ・オルミ監督の名画『木靴の樹』の舞台にもなったベルガモ。次に目指すのはイゼオ湖の近くにあるイタリア屈指の景勝の地、アルベレータ。ここに、高級スプマンテのメーカー〝ベッラヴィスタ〟社が経営する美食のオーベルジュ（宿泊施設付きの美食レストラン）がある。レストランを仕切るのは、新イタリア料理、ヌオーヴァ・クチーナでイタリア料理界に新風を吹き込んだシェフ、グアルティエーロ・マルケージ（Gualtiero Marchesi）。彼のキッチンは、時代に合った料理を研究する実験ラボになっている。

ミシュランの常連でもあった炎の料理人マルケージ、最近星を獲得しないと思っていたら、「ミシュランに評価されることを拒否する」という宣言を出したから大変。消費者のための情報を一方的に拒むことへの批判と、多様な評価をミシュラン一社で決定することへの批判との賛否両論が噴出した。

食事を楽しんだあとは、ホテル併設のエステやジム、スパ、フィットネスに行ったり、近くのゴルフ場に行ったりもできる。アルプスを背景に白ぶどうの畑が広がる景観を見ていると都会生活の疲れが芯から癒されること請け合いだ。もちろん、ベッラヴィスタの醸造所も見学できる。ここのスプマンテは、本格的なシャンパーニュ法で作られ、国賓をもてなす晩餐会でも供される一級品だ。フランスシャンパンに決してひけをとらない内容で、価格もおさえられているので、是非、トライしていただきたい。

次の経由地はガルダ湖畔のリゾート地シルミオーネ。おだやかな水を湛える湖面、中島、深い緑、おだやかな風景には詩心を刺激されるのだろう。イタリアを代表する文学者ダヌンツィオもここに居を定め、数々の名作を生んでいるが、遠くドイツからもハイネ、バイロン、リルケなどの詩人が訪れ、長逗留して作品をものしている。

シルミオーネのあとも、名勝の名に恥じない美しい場所が目白押し。特に今からご紹介する3つの都市は、急行列車も停車する大きな街なので、気軽に途中下車して見ることができる。ロメオとジュリエットの家があるヴェロナ、巨大な聖アントニオ教会とスクロベーニア礼拝堂のあるパドヴァ、16世紀の名建築家パッラーディオの傑作が多く残っているヴィチェンツァ。ただしこれらの都市には見所も多いので、途中下車でのあわただしい旅で終わらせるにはちょっと惜しい。

上記の3都市にヴェネツィアを加えたものが、沿線の4大観光都市ということになる。この4つの街の住人の気質を表す面白い表現がある。ヴェネツィア人は「偉大な貴族」、ヴィチェンツァ人は「猫食い人」、パドヴァ人は「偉大な博士」、ヴェロナ人は「みんなクレージー」というもの。

「偉大な貴族」は、ヴェネツィア共和国が貴族により統治されていたためであり、パドヴァの「偉大な博士」は、ボローニャ大学と並んで古い歴史を誇るパドヴァ大学があることに由来している。ヴィチェンツァの「猫食い」は、この地方がひどい飢饉に襲われたとき街の猫を食い尽くしたという故事に基づいている。だが、レストランのメニューに猫料理はなく、代わりに馬肉料理がこの地方の名物だ。ヴェロナがなぜ「クレージー」なのか、その背景は不明だが、確かに発想が自由で明るい人が多いようだ。ヴェロナの野外劇場アレーナでは、毎年夏、恒例の『アイーダ』が上演され、舞台に馬や象などの本物の動物を登場させる規模と迫力で世界を魅了している。

この地域で召し上がっていただきたい地方料理の代表が、パスタ・エ・ファジョーリ。手打ちの平たいパスタといんげん豆が煮込んである素朴かつ大衆的な料理だ。創作料理を楽しみたい人には、ヴェロナの中心部、エルバ広場にあるイル・デスコ（Il Desco）、少し郊外になるが、ミシュラン2・5星のペルベッリーニ（Perbellini）がお勧め。50種類のチーズと30種類のハム、サラミが楽しめるトラットリア・アル・ポンピエレ（Al Pompiere）も是非訪れていただきたい。

古いものは大切に

同じ経路には、高速道路、列車と平行して水路も走っている。これがダ・ヴィンチが設計したと言われているブレンタ運河。世界交易の最大の窓口ヴェニス港と一大消費都市ミラノを結ぶ物流の幹線として、また物見遊山の川下りのルートとして長く使われてきた。緑深い運河の両岸には優雅な貴族の別荘が建ち並び、さながらヴェネト別荘建築様式のショールーム。

この地域のトレヴィーゾにあるベネトン社は、これらのヴェネト地方の歴史的別荘の保存運動に熱心に取り組んでいる。社屋ももちろん17世紀の建物で、駐車場などの近代的設備はすべて地下に隠すように造られている。昔ながらの外観は、歴史的景観を文化として守ろうとする強い決意がないと守られない。

「美しいものづくりをするには、美しい環境に住んで、美しいものに囲まれて働かないといけない」。これも創業者ルチャーノ氏の信条。

安藤忠雄氏はこのルチャーノ氏に招聘され、ベネトンコミュニケーションセンター「ファッブリカ」の設計をした。古い建物とも調和する新建築を考えるのはもちろん難しいのだが、驚くのは、どんな些細な変更修正にも役所の許認可を取得しなければいけないこと。煩雑な手続きのために、完成までに7年もの月日を要している。200年かけて建物を造る国の時間に対する意識は、日本とはおおいに異なっているようだ。どちらにしても、イタリアで古い建物を買うと、修復、保守にとんでもない手間と金が掛かる。生半可な気持ちでは取り組めない永遠の大事業になる。

古い建築を本社にしているベネトン社でも、修復、保守は日常業務に組み入れられている。定期的に社に来て保守をしていたのが、建築家のヴィエッツリ氏。なんと93歳だが、夜中に起き出して製図台に向かうタフな人だ。ある日、ヴィエッツリ氏は、いつも彼の健康を案じているルチャーノ氏に言った。

「私もいつまでも働けるわけじゃない。それを考えて若い助手を雇うことにしたんですよ。今度連れてきます」

ルチャーノ氏は、彼の業務が軽減されると一安心したのだが、次の訪問日、ヴィエッリ氏が連れてきて紹介した「若い助手」は72歳。確かにヴィエッリ氏より20歳も若い。ルチャーノ氏は、ヴィエッリ氏が死ぬまで仕事を続けるだろうと理解した。

若い助手は事務所で図面でも引いているのか、ヴィエッリ氏はその後もひとりで元気いっぱい出社し続けた。だがあるときから、ヴィエッリ氏のクルマの助手席に85歳になる夫人が座り、一緒に出勤するようになった。彼はこう言って許可を求めた。

「私は93歳、妻は85歳、この年になると、どちらがいつ死んでもおかしくありません。そこで話し合って決めたんです。これからは、片時も離れず一緒にいようって。60年以上連れ添ってきた伴侶の死に目にあえないなんてことだけは避けたいんです」

その日から、ヴィエッリ氏の仕事部屋の片隅に奥さんの椅子が置かれるようになった。白髪の小柄な夫人は、彼が建造物の見回りをするときは手をつないで一緒に歩き、ミーティングのときは静かに編み物や刺繍をして過ごす。愛し合い、信頼し合って人生の終盤を迎える二人の姿を見ると、誰もがほんのりとした温かさに包まれたという。

「うちの社員の離婚率が減ったんじゃないかなあ」。ルチャーノ氏が嬉しそうに偕老同穴のヴィエッリ夫妻のことを語ったときからほぼ15年近い年月が流れている。ヴィエッリ氏と奥様が手をつないで一緒に天国に行けたかどうかは不明だ。

ヴェネト地方というとジーンズをはじめとするカジュアル衣料の中心地で、ディーゼル、リプレー、ガスなどの有名ジーンズ・メーカーが集中している。純然たるイタリアジーンズなのだが、いずれもアメリカ製に見えるネーミングをしているのが愉快だ。一帯には家具、眼鏡、宝飾品、機械の産業集積地があり、とりわけ眼鏡は、福井の鯖江を抜き、今や世界最大の眼鏡産地となっている。もちろん売り上げの大半を占めるのがブランドのライセンス眼鏡。それだけではない。前述のブレンタ運河沿いの地域は、古くから高級婦人靴の産地で、フランスの有名ブランドの靴も大半はここで作られている。資源に乏しいこの地域は、起業家精神に富んだ働き者が多いことでも知られている。

イタリアの産業構造は、家族経営の中小企業が中心だ。為政者がしょっちゅう変わってきたイタリアでは、誰も国を信じない。信じられるのは自分と家族、友人だけなのである。国を信じないので、商売もアングラ化する。一時期、イタリアのGDPの3分の1から半分は地下経済と言われていたくらいなので、その規模の大きさが理解できるだろう。国民は、あらゆる機会を捉え脱税と蓄財に励む。そして、そんな個人資産を狙う強盗も横行する。

このころ、宝石などの高額商品を扱う人たちは、皆がピストルを携行し、防弾ガラスのクルマに乗っていた。貴金属、ジュエリーの類を売るショップは、入り口に鍵を掛け、予約客と顔見知りの客しか入れないようにしていた。いきなり店主や客に発砲して、瞬時に商品を奪って逃げる荒っぽい手口が多いので、自衛のためにはやむをえないのだ。強盗、誘拐が多発したこの時期が、有名な「鉛の時代」である。

狙われた副社長

1969年ミラノ、フォンタナ広場を含む4ヵ所で起こった同時多発テロ、これがイタリアの「鉛の時代」の始まりだった。その後は左右両派入り乱れてのテロ合戦、労働紛争、スト、身代金目当ての誘拐が多発するカオスが続き、1978年、当時のアルド・モーロ元首相の誘拐および殺害で頂点を迎える。

私がイタリアに最もよく行っていたのが、ちょうどこの時代で、イタリアは、他の国々から「欧州のお荷物」と厄介者扱いされていた。それにもかかわらず、イタリア人は、ドイツ、フランス、イギリスの国民よりはるかに優雅な生活を送っていた。こんなイタリア人の豊かさが、アングラ経済や脱税によるものであることは火を見るより明らかだ。

誘拐が多発した70年代末から80年代にかけて、大人子供を含め、私の知り合いだけで10人以上が誘拐されている。ご丁寧に兄弟で、相次ぎ異なった組織犯罪グループに誘拐された人もいたくらいだ。彼ら犯罪者が要求する身代金の金額も半端ではなかったが、それより不思議なのは数十億円にも及ぶ金があっという間に揃えられることだ。耳を切り取って証拠に送る残虐な犯人もいたが、大半は金目当ての行為で、うまく金銭の授受ができると、無事に解放された。

誘拐団の中には、組織犯罪ではなく、街の不良たちがからんだものもあった。わが友エンリコは、ラッキーなことに、そんなしろうと誘拐犯に当たったひとりだ。

夜半、郊外にある自宅まであと数キロの地点、突然、後ろのクルマが彼のクルマを追い越し、前をブロックした。中からピストルを持った覆面の男が出てきてエンリコのクルマの窓ガラスをハンマーで壊した。エンリコは、靴メーカーの副社長。社長の兄の車は防弾仕様に変えていたが、まさか自分が襲われるとは思っていなかった。窓は割られ、エンリコは二人の男にかかえられ、手足を縛られ目隠しをされた。彼らの車の後部座席の床にころがされたまま小一時間も走っただろうか。クルマが止まり、彼はどこかの家の部屋に閉じ込められた。目隠しされたまま過ごした4日目、またクルマに乗せられ人気のない道路に下ろされた。足のロープだけを外され立っていたところを、通りがかった車に救われ警察に保護されたのだ。

エンリコの類稀な能力が発揮されたのは、そこからだ。彼は、昔、F1ドライバーを志したA級ライセンスの持ち主なのだ。急遽、武装警官と警察車両数台が呼び集められ、先頭車両にエンリコを乗せ、彼が誘拐された地点から出発した。集中するため再び目隠しをしたエンリコが、走る方向とスピードを指示した。彼は、拉致された車のスピードと方向、走行時間を、信じられない正確さで頭に刻み込んでいたのだ。

誘拐されたのが、走り慣れた道だったのも幸運だった。実は、拉致された車中でも、どこを走っているか大体の見当もついていたのだ。自慢の記憶力も活かし、幽閉中もそれを何度も繰り返し記憶した。エンリコの道案内に従った警察車は、野中にぽつんと建つ廃屋のような農家に辿り着いた。ここが不良たちのアジトだった。エンリコの家から受け取った現金を使う暇もなく、あっという間に逮捕された3人の青年、いずれも事態が飲み込めず、鳩が豆鉄砲を食らった顔をしていたとか。

身代金も全額戻り、エンリコは一躍英雄になった。さらわれても決してパニックに陥らず落ち着いて対処した彼も「犯人たちの声が若く、北部の方言だったのでアジトに案内したが、組織犯罪グループなら報復が怖いので何も言わなかっただろう」と語る。

この事件以降、金持ちの間で、車中の「時間」「方向」「速度」を体感で身につける訓練がブームになったのだが、誘拐犯たちもさる者。何度も曲がって遠回りすることで土地勘を狂わせるようになったし、それに、誘拐のプロは人質を近場に隠すことはせず、人里離れた奥地まで運ぶ。

古くから身代金収入を最大の糧に発展したのがカラブリア州を本拠地にする犯罪組織「ンドランゲダ」。彼らは、山間部の洞窟や地下に掘った穴に人質を閉じ込めていた。この時代、多くの人質が天文学的な金額を拠出したが、その後も彼らが路頭に迷うことはなかった。お金持ちたちは、イタリア語で「ゴリラ」と呼ばれる護衛を子供にも付け、相変わらず人生を目一杯楽しんでいた。こんな計り知れない富の蓄積を目のあたりにすると、労働者たちがストに走る気持ちもわからないでもない。

あれから30年近い年月が経った。

イタリアのリラは欧州連合統一通貨ユーロに変わり、それを機に金持ちはさらに豊かに、貧乏人はさらに貧しくなるという社会格差が広がっている。

そんなイタリアで、2008年5月1日、とんでもないものがネットで発表された。全国民の申告所得金額と納税額が公表されたのだ。脱税の多さに業を煮やした財務省の英断である。日本では高額納税者番付の発表が中止されたのと逆行する流れだ。それにしても、最高の機密である個人情報の発表には国中が大騒ぎ、わずか1日で閉じられた。だが、ダウンロードした人も多く、「あの金額は少なすぎる。脱税だ」「彼、意外に収入少ないんだな」など、しばし噂話で盛り上がったらしい。

高額納税者は、あらたな誘拐の火種になるのではないかと危惧し、納税額が低い人は、脱税の密告があるのではと戦々恐々の毎日になったことは想像に難くない。

イタリア政府は何をやらかすかわからない。私たちのように、傍から見ている分にはおおいに楽しめるのだが、住んでいる人にとっては枕を高くしては眠れない国だろう。

第8章
フィレンツェ

その1　デカメロンな性欲

中部イタリア、トスカーナ州の州都であるフィレンツェは、ローマ、ヴェネツィアと並び、イタリアを代表する観光地である。そして、トスカーナ州は、欧米人にとっては、フランスのプロヴァンスと並ぶ理想の隠居地。トスカーナの田舎暮らしこそが引退後の最高の夢なのだ。

現に、イギリスやドイツの経営者の中には、60歳になると待ちわびたように会社を売却しトスカーナに移住する人も多い。そこで彼らがやるのは、ぶどう畑を買い取ってワイナリーを開業すること。キャンティ、サシカイア、ブルネッロ・ディ・モンタルチーノ、気候的にも土壌的にもトスカーナの赤ワインは極上。ポリフェノールを多く含むので老化防止にも役立つ。イタリアの養生訓には、「毎日、グラス1杯の赤ワインとりんごひとつを摂れば医者要らず」とある。トスカーナの美しい景色の中でのんびり赤ワインを飲みながら生活する。想像するだけで長生きができそうだ。

トスカーナでは、糸杉が行儀よく並ぶ、なだらかな丘陵地帯にぶどう畑やオリーブ畑が広がっている。これらの農園から直接自家製のワインやオリーブオイルを入手できるし、おいしい家庭料理を安く供してくれる食堂も多い。

「生き馬の目を抜く都会で、あくせく生活していた自分とは別人になったようだ」

穏やかな顔で語ったイギリス人夫婦は、ロンドンの家を売り払い、果樹園付きの古い農家を買い取り、自給自足に近い生活を送っている。

憧れの田舎暮らし

私と同世代、すなわち団塊の世代に属する友人の日本人夫妻がその夢を実現した。収支報告の一部を披露しよう。彼らが古い農家を購入したのは１９９１年。その前に10年という歳月をかけ、夏休みごとに根気よく物件を見て回った。不動産屋経由はもちろんのこと、口コミ情報にも頼った。このお二人、ご主人は大手建設会社の建築家、定年後は大学で教鞭を取っている。奥様のほうは若いころイタリアに留学していた画家。トスカーナの風景を描いた力強い油彩画は、日本にもファンが多い。二人の知人のお嬢さんがフィレンツェ大学の建築学部に在籍中、同級生から自分の親が古い家を売りたがっているとの情報を入手してくれ、やっと条件に合う家を見つけた。

場所はマルケ州に近いトスカーナの人口１５００人の小さな村だ。土地は３００平方メートルだが、３階建ての家はなんと８００平方メートル。価格は日本円にして約５００万円。しかし、あくまで公称。アングラ経済が盛んなイタリアでは、一部を裏金で払う条件で価格交渉するのが当たり前なので、恐らく、これに１００万円くらい陰で上乗せしたかもしれない。学校の先生をしていたオーナー夫妻は、子供３人を大学に送るのにあり金をはたいたようで、定年後は二人で住むには広すぎる家を売り、交通の便の良い公団住宅に移るという。

子供の教育に大変な犠牲を払うのは、イタリアの親も同じだ。子供たちは大学のあるフィレンツェに住み、卒業後もそこで仕事を探す。もう田舎の家に戻ることはない。だが大学を出ても就職口はなかなか見つからず、日本の学生同様、正社員に採用される日を待ちながらフリーター生活を送る。こういった若者の平均月収は１０００ユーロ（13万円あまり）。都会は住宅事情が悪く、ワンルームでも賃貸料は８００〜１０００ユーロ。イタリアでは、30歳までの子供の7割が親と同居するパラサイトシングルなのだが、原因はこんな住宅事情にもある。

ともかく、フィレンツェ市内に親の家がない３人の子供たちは、それぞれが自分たちの生活で手一杯。彼らに田舎の大きな古い家の維持費を負担してもらうこともできない。思い出がいっぱい詰まった家を譲渡し、新築だが何の愛着もない公団に移る夫妻は、友人たちと同年代。鍵を渡し、家を何度も振り返って見ながら去っていった二人を見ていると、何か彼らに悪いことをしたような複雑な気分になったらしい。

だが感傷に浸っている時間はない。やることは山積していた。雨漏りのする屋根を葺《ふ》き替え、くさりかかった梁《はり》を交換した。その次は床の張り替えにかかり、結局、3度にわたっておおがかりな内装工事を実施した。やっと昨年、理想の豪邸が完成。総計で4000万円くらいかかったのではないかと友人は言う。

その間、彼らの子供も成長し、ひょんなことからお嬢さんがイタリア人と結婚して二人の孫にも恵まれた。娘夫婦の住まいから車で2時間余りの場所にあるこの別荘は一家がよく活用してくれるので、管理態勢も抜群。友人夫婦は毎年、夏休みにひと月滞在する。乗馬、テニスを楽しみ、絵を描く。空気がおいしい上、ワイン、オリーブオイル、肉、チーズ、蜂蜜やパンも、すべて近隣の農家から直接買える。健康そのものの食材はまさに自然の恵み。2度も癌の手術をした奥様のほうも、すっかり元気になり、はつらつと第二の人生を謳歌している。

「いいなあ。自分も……」と思うのは気が早い。イタリアの問題は、留まるところを知らないユーロ高と公共交通網の遅れ。近隣に点在する歴史都市を訪問するにも、買い物に行くにも、車は不可欠。友人の別荘に到達するには、ローマから数時間列車に乗り、さらに最寄り駅から一日2便しかないバスに1時間揺られなければならないのだ。

奥様は、基点となる最寄り駅の無料駐車場に中古で買った自家用車プジョーを置いている。頭が痛いのは、1リッター250円もするガソリン代と年間15万円という高額な保険料。だが固定資産税は取るに足りない金額だし、何より食料品が日本よりはるかに美味で安いので、夫婦で月8万円もあれば充分心豊かな生活が送れるという。

都会暮らしは刺激たっぷり

さて、もうひとりの友人、31歳の由香は、フィレンツェ市内の中心部にある下宿に住み、語学学校に通っている。彼女は、夫と別れ、勤めていた会社をやめ、まったく新たな人生を切り開く場にイタリアを選んだ勇気ある（蛮勇？）女性だ。

貯金を切り崩して大都市で生活するのは決して楽ではない。消費税20％の国を襲ったユーロ高で、イタリア人たちも青息吐息の生活を強いられている。それでも、レストランやホテルで贅沢をしない限り、文化の香り高い生活は享受できる。彼女も暇さえあれば安い鈍行やバスで近隣の都市をめぐり、日々本物に触れる感動を新たにしている。彼女の夢は、イタリアの会社で働くこと。ただEU域外の国民が労働ヴィザを取得するのは容易なことではない。イタリア語に不自由しなくなったら、まずは日本料理店のウエイトレスか観光ガイドでもしようと思っている。

さて、ここまでで、「本能三昧」は羊頭狗肉じゃないかと落胆した方々、実はここから、シモネッタ・フィレンツェ編の白眉「本当にあった信じられないお話」が始まるのである。

2005年の晩秋、由香からメールが届いた。そのまま書き写そう。

〈シモネッタママ、お元気ですか。私は、ここ10日ほどインフルエンザにかかって寝込んでいました。

ベッドで高熱に苦しんでいたある日の昼下がり、突然頭の中で喘ぎ声が聞こえるのです。「あら、いやだ。いくら欲求不満だからって、何も夢で喘がなくても……」と困惑していると、次第にその声が大きくなってきます。

「えっ、この声、外から聞こえてる。発情期の猫？　それとも鳩の求愛？」

いぶかりながら窓から外を覗くと、なんと道路に駐めた車のボンネット上で中年の男女が二人、重なり合っているのです。しかもハダカ！　ついに妄想か、とわが目を疑い、目を閉じしばし深呼吸。再び目を開けると……やっぱり本物。しかも、もうあの真っ最中。

いやー、ずっと見入ってしまいましたねえ。時折人が通り過ぎる白昼堂々、一心不乱に腰を動かし、路上で20分も継続できるのは偉大です。

観客である私としては、もう少し二人が美形なら、場外参加したかったところですが、いかんせん下の上じゃあね。まあ、この素朴さがかえってリアルないかがわしさを醸し出してはおりました。体調が回復したらすぐにシモネッタママにご報告しなくっちゃと、火照った体をなだめ、またベッドにもぐりこんだのでした。

後日、この話を友人のエリーザにしました。「信じられないわ、いい年して昼間の路上で20分もよ！」。彼女、驚きもせず私に尋ねました。「あら、日本人って20分やらないの？そのくらい普通じゃない」。イタリア人は、〝昼間路上でやる〟ことには何の違和感も感じていないことがわかりました〉

昨年、由香が一時帰国した際、イタリア好きの仲間たちと集まった。食事の席は、日本ではありえないこの事件で盛り上がった。まず、私が聞いたのは、「何で、晩秋の昼日中、それも街の真ん中で、わざわざ車から外に出てやるの？　露出狂？　せめて車の中でやってよねえ。冴えない中年じゃあ、見せられるほうも迷惑だわ」。由香は言った。

「だって、彼らの車じゃないんですもの」

「えーっ！」

常識人の私たちは驚愕した。

「二人ともどう見ても庶民なのに、車のほうは高級なアルファロメオだったんでミスマッチだなと思って見てたんです。案の定、コトが終わった後は衣服を整えて何事もなかったかのように歩いていきました」「つまり、街で、やりたくて我慢できなくなったってこと？」「40代でありえない！」「高さといい、平たさといい、理想のボンネットだったとか」「違う、違う。ほら、イタリア人ってめったに洗車しないじゃない。埃だらけの車ばかりの中に、珍しくピカピカのボンネットを見つけて、これ幸いって発情したのよ」「車のオーナー、知ったら怒り狂うわね」「おしりの跡がべったり脂染みのように残ってるかも……」「それ以外のものも付いてたりして……」「大丈夫よ。きっと鳥の糞だと思うから」

私たちは再び盛り上がった。

〝寝とぼけ〟法学部教授

驚くべきことに、イタリアに住んだことのある友人ばかりのこの集まりで、全員がその手のアンビリバボーな出来事を経験していることが明らかになったのだ。ひとりまたひとりと語り始め、その夜はにわかデカメロン状態。イタリア人のエロ道武勇伝が次々と披露された。もうひとつのフィレンツェ編も相当なもの。

「主人と二人でフィレンツェに住んでいたときのことなんだけど、上の階の住人が50代初めの法学部教授だったの。この人がジキル博士とハイド氏。週末は、離婚して別に住む子供たちと過ごすもの静かな人なのに、平日は、毎晩、生徒と思われる若い女の子を連れ込むのね。問題は、あの時の彼の声なの。

あんまり大声で叫ぶから、日本から泊まりに来た友人なんか、『DVか事件か』って、心配して飛び起きてたくらい。『夜中に家具動かしてるのかと思った』っていう友人もいたなー。『えいやー、それ!』って威勢のいい掛け声にも聞こえるからね。言うのは“Si, Si, Dai, dai, si, si”(イエス、そう、そこだ。行け、行け、イエース)っていう単純なせりふなの。もう、〝ダーイ、ダーイ〟(それ、行け)っていう彼の掛け声が一日中、耳に残って、いい迷惑。女の子は静かな子と、『アン、アン』って泣き声を出す子と2種類いたな。ともかく毎晩のことだから、私たちはノイローゼ寸前よ。『そろそろ始まる。早く寝なくっちゃ』って焦るのでもっと眠れなくなるし、眠っていても必ず目が覚めるくらい大きな声なのよ。

ついに大家さんに直訴して手紙を書いてもらったの。そしたら、翌日返事が扉にはさまれていたわ。『○○さんから伺いました。大変ご迷惑をかけたようで申しわけありません。私は、昔から大声で寝言を言う癖があって、それが離婚の原因になったくらいなのです。

これからは気をつけます』。きれいな筆跡で書かれた礼儀正しい手紙だったわ。でも、寝言なら『気をつけて』直せるものじゃないでしょ。さすが法律家よね。不可抗力の寝言だなんて〝寝とぼけた〟言い訳を考え出すんだから。

その夜は、主人と固唾を飲んであの時を待ったわ。そしたら、彼、その夜からせりふを変えたのよ。今度は、“No, no, oh, no, silenzio, silenzio”（ノー、ノー、あー、だめだ、静かに、そっと）って言い始めたの。イエスがノーに変わっただけ。『寝言をコントロールしてる』って主人と笑ったあと、彼は大声を出さないと興奮できないタイプなんだって諦めて、こっちが引っ越したわ」

しびれを切らした店主が閉店を告げに来てデカメロンの会は終わった。私たちはみな、健康な性欲を恥じることなく誇示するイタリア人に改めて深い感銘を受けて帰路についたのだった。

その2　苦い初夜

トスカーナ州で、もうひとつのお勧めが温泉体験。

まずはローマ皇帝も愛した最古の温泉、サトゥルニア。ローマから北へ170キロ、フィレンツェからは南へ200キロ下った場所にあり、最寄りの駅は、オルヴィエートかグロッセート。どちらからもかなり離れているので、列車で移動するのは不便だ。申し込めば、ホテルのベンツがどこにでも迎えに来てくれる(有料)。サトゥルニアの最大の魅力は巨大な露天風呂なのだが、フィットネスセンター、エステサロンなどの関連施設も実に充実している。近くにはゴルフコースもある。問題は、食事がおいし過ぎること。気をつけていないと、滞在中、食べ過ぎて太ってしまう。意志の強い人は、常駐している栄養士に頼んで個別のダイエットメニューを作成してもらうとよい。

2000年以上の歴史を誇る露天風呂は、宮殿のごとく豪華なホテルのすぐ前にある。張り出したテラスで露天風呂を眺めながら食事をすることもできる。ここに、エトルリア時代から変わることなく37度のお湯が毎秒800リットルも湧き出しているのだ。「こんなに出続けるといつか枯渇する。地下に蛇口をつけて湧水量を加減したいくらいだ」。私が知り合った、元オーナーは気が気ではない様子だった。緑色の湯を満々と湛える風呂は水深が深く、まるで池のようだ。心臓麻痺を起こして沈んでも、すぐに気づいてもらえないのではないか。私は、そちらのほうが心配だった。

湯治場モンテカティーニの歴史も古い。洞窟温泉グロッタ・ジュスティは特に有名で、内部は、温度の高い順に地獄、煉獄、天国と分かれている。地下の熱湯温泉から上がってくる湯気がミストサウナ状態を作り出しているので長くいても苦しくないし、薄暗い洞窟でデッキチェアーに寝そべっていると世の憂さをすべて忘れる。イタリア人の湯治は最短でも1週間。男も女も、連れ合いが泥パックエステを楽しんでいるときに浮気相手を物色する。これも湯治の大切な目的のひとつだ。

靴で有名なフェラガモ家は、フィレンツェ近郊の広大なぶどう畑で銘醸赤ワインを作っているが、近年、ホテル経営にも力を入れている。数年前、古い中世の村落を丸ごと買い取って、おしゃれな観光資源に整備した。中世にタイムトリップできる村には、鍛冶屋や絵付け、工芸品の工房が並び、弟子入りして技術を学ぶことも可能。昔の領主の別荘は、執事、料理人、侍女つきで貸し出されている。もちろん一泊ウン百万につくが、世界の金持ちからひきもきらず予約が入る。

トスカーナには観光スポットも無尽蔵にある。斜塔があるピサ、無数の塔が林立するサン・ジミニャーノ、城郭都市ルッカのほか、絶対はずせないのがシエナ。軽く傾斜して放射状に広がるカンポ広場では、毎年7月、8月に伝統的な競馬パリオが行われる。村対抗のレースで、ルネサンス期の装束を身にまとい騎乗する騎士は、各村を代表する英雄だ。すさまじい歓声の中で、広場の急カーブを全速力で駆け抜ける壮絶さは必見。馬の怪我、引き続く薬殺があまりに多いため、動物愛護団体が中止要請を繰り返すくらい危険なコースで、落馬して死ぬ騎士も少なくない。男が命を懸けるお祭りは世界各地にある。きっと女は、祭りごときに命を懸ける男の馬鹿さと純粋さに惚れるのだ。

シエナのもうひとつの見所が大聖堂。両側に石の建築物が立ち並ぶ暗い細道を歩いていくと、その道が突然終わり、目前に光に溢れた広場が忽然と姿を現す。中心に聳え立つのは、尖塔を空に突き出す真っ白い巨大ゴシック建築。前述のカンポ広場も同様で、暗い狭い道から突然明るい大きな広場に出る構成に誰もが息を呑む。都市計画の段階から、天国と地獄を象徴する緻密な明暗効果が計算されているのがイタリアの街。だからいくら歩いても退屈しない。

1973年、フィレンツェから70キロ離れたシエナを初めて訪れた。「09：45、シエナ行き、5番線発」。時刻表を頼りに着いたホームは空っぽ。駅員は言う。「今日は走らないみたいだねえ」。なんともイタリアらしい。鈍行を乗り継いで行くことにする。

前に座った50~60代の女性が手作りパニーノ（ハムとチーズをはさんだパン）を分けてくれる。彼女のふっくら太った体形とにこやかさに母を思い出し、車掌さんにシャッターを押してもらい一緒に写真を撮る。

当時、カメラは高価で、まだイタリアの庶民には普及していなかった。写真を撮る機会も稀な人たちには喜ばれるだろう、そう思った私は、おばさんに「写真お送りするので住所を書いてくださいな」と言い紙とペンを渡した。その途端、おばさんの白い肌が目に見えるほど赤く染まった。そばにいた車掌さんは、おばさんからさりげなく紙を取り上げ「ディーカ（どうぞおっしゃって）」と一言。彼は彼女が恥ずかしそうに言う名前と住所を紙に書きつけ、私に手渡してくれた。ここは開発が遅れた南部ではなく、イタリア語発祥の地であるトスカーナ。それに彼女は、農家の老婆ではなく中流の主婦。そんな人が文盲なんて私は想像だにしていなかった。

帰国後、パニーノのお礼とともに写真を送ったが、字が書けない彼女から返事が届くことはなかった。今もその写真を見ると、彼女の心の傷に触れてしまった申しわけなさが募ってくる。

背を向けられて

芸術の都フィレンツェの人気は高くリピーターも多いのだが、私はどちらかというと再訪を避けてきた。実は、フィレンツェは、私にとっては生まれて初めての失恋の地なのだ。

1973年2月2日、私は、まだ見ぬあこがれの国イタリアを初めて見る旅に出た。旅のもうひとつの目的はリカルドに逢うこと。前年の夏、私がガイドをしたイタリア人の団体のコンダクターをしていた大学生だ。金髪、185センチのスリムな長身、知的な雰囲気を持つ24歳の彼と22歳の私はすぐに意気投合した。だがお互いアルバイト中の身、お客の手前二人きりで過ごすこともできなかった。その後、手紙でやりとりを重ねるうちに、私たちは次第に気持ちをヒートアップさせていった。

当時、私が日本で付き合っていた青年は家庭的で従順な女性を求めるタイプで、彼は私のイタリア行きにも「新婚旅行で一緒に行けばいい」と強く反対していた。私はそれを押し切ってローマへ向かったのだ。

リカルドは、ミラノ近郊の小都市から800キロ下って私を迎えに来てくれた。銀行の会議に出席する父親も一緒で、会議が終わる4日目に3人で彼の家に向かう計画だった。

リカルドと私は、出発までの3日間ローマ観光をしたのだが、一方通行が多く混雑が激しい中、運転する彼は日に日に苛立ちを募らせていった。3日目、ツアーメンバーだったご夫妻のお宅に夕食に行くとき着物を着た私に、彼は「カーニヴァルじゃあるまいし」と出鼻をくじく言葉を口にした。4日目、フォロ・ロマーノ、心ここにあらずといったリカルドに私は言った。

「なんだかあなたを遠くに感じるわ」

彼は私に近寄り耳元で叫んだ。

「これなら聞こえる？（＝近くに感じる？）」

イタリア語の「感じる」と「聞く」は同じ動詞。彼は、私の発言を「遠くてよく聞こえない」という意味にしてふざけたのだ。考えれば、初対面のときから惹かれたのは、彼の、イタリア男らしからぬそっけなさやユーモアだった。「君は世界一美しい」「僕は君のとりこだ」。歯の浮くような甘言を口にしないところが新鮮だった。しかし、日本では魅力だった彼のクールさが、異国のローマでは私の不安をかきたてた。

夕刻、会議を終えた父上と私たちは一路、北を目指した。父上が言った。「クミコには初めてのイタリアだ。今夜はフィレンツェに泊まって翌朝少し街を見せてあげようよ」。私たちは夜10時ごろフィレンツェに着き、アルノ河沿いのホテルに投宿した。彼は父親とツインの部屋へ。私はひとりシングルルームに入った。部屋に入ってまもなくノックの音がする。リカルドだ。彼は当然といった様子で私の部屋に入ると、服を脱ぎパンツ一枚になると、ひとつしかないベッドにすべりこんだ。私はどぎまぎして、どうしていいやらわからない。ゆっくり入浴し寝巻きに着替え、そっと彼の隣に身を横たえた。彼はベッドで反対側を向き、すでに軽い寝息を立てていた。その夜、緊張のため一睡もしなかった私の隣で、彼はひたすら眠り続け、朝、普通に起床すると、悪びれることもなく服を着て父親の部屋に戻っていった。

私はすっかり混乱していた。一体、何のために彼はわざわざ私の部屋で寝たのだろうか。なぜキスひとつしなかったのだろうか。聞く勇気はなかった。約束の朝9時、ロビーで会ったリカルド親子に私は言った。「私は数日ここに残ります。フィレンツェをゆっくり見て、改めて列車でお宅に伺います」。お父さんはがっかりしておっしゃった。「クミコ、家内も楽しみに待ってるから、できるだけ早く来るんだよ」

2月7日、イタリアの冬は雨が多く暗い。その日も底冷えがする曇天だった。出発前、彼らとフィレンツェが一望できる丘、ミケランジェロ広場に行く。赤レンガ色の家並みと花の大聖堂の丸屋根、夢にまで見たフィレンツェの眺めは、この日はどんよりした灰色の雲に覆われていた。言葉少なにこの景色を見た後、彼らは私を再びホテルに送り出発した。「必ず連絡くれよ、いいね」。これが彼の最後の言葉だった。「もちろん」。彼らをにっこりと見送ったあと、私は部屋に戻って思い切り泣いた。外は氷雨に変わっていた。

こんな日にひとりで夕食を食べるのは耐えられない。私は住所録を繰って以前、国際産婦人科学会で来日したキシ先生に電話をかけた。彼は、突然の電話にひどく驚いていたが、わずか3日間アテンドしただけの私のために40キロ離れたルッカから会いに来てくれるという。キシ先生は、歩いて街を案内しながら、高級レストラン、サバティーニ（Sabatini）に連れていってくれた。

父より年長の男性はおじいさんとしか思えなかった私は、食事中彼の前で泣き出してしまった。立派な現役だったはずの62歳のキシ先生、うら若い日本女性を泣かせているとんでもない男に見られ、さぞ戸惑ったことだろう。

「君の隣で何もしないなんてありえない……彼はきっと隠れホモなんだよ。明日は病院の当直を代わってもらうからルッカにおいで。気が紛れるよ」

誰かといれば、その間はリカルドを忘れられる。だがホテルに帰ると、「このベッドで彼が寝ていたのに」と前夜のことが思い出される。「たとえ、どんなに邪険にされても愛する人のそばにいるのが一番幸せなのに、なぜ、彼と一緒に出発しなかったのだろうか」と、湧いてくるのは苦い後悔の念ばかりだ。

リカルドの告白

翌日ルッカ駅で出迎えてくれたキシ先生と町を観光、彼の友人の家で夕食をしたあと、車でフィレンツェまで送ってもらった。独身だったのに、キシ先生は無防備に甘える私の心の隙に付け込むこともなく、ひたすら誠実に対応してくれた。

車中、彼は言った。「君は美しく聡明な女性なんだから、自分を大事にして誇りを持って生きていかなくっちゃだめだ。いいかい。失恋して自暴自棄になるほど馬鹿なことはない。そんなときは必ずもっと悪い男にひっかかるからね。自分にふさわしい男性を見つけて、きっと幸せになるんだよ。次回は、笑顔で会いにきておくれ」。失恋後、最初に泣きついたキシ先生のおかげで、私は立ち直るきっかけをつかむことができた。

それから1週間、いろいろな人と再会し友達の輪も広がった。夜は、若い子たちとディスコで踊って楽しく過ごした。だが、いくら大笑いしてもひとりになると心が沈んだ。フィレンツェもシエナも、決して私の傷を癒してくれることはなかった。石造りの重厚な建築物や、人間の力を誇示する大聖堂の前では、自分がさらにちっぽけな存在に見えてくるのだ。私は、自然の中にひっそりと建つ京都の神社仏閣をなつかしんでいた。土と緑の木々、瞑想を誘う日本庭園がひどく恋しい。

そういえば、ローマからフィレンツェへと移動して10日余り、私は、石畳の上を歩き続け、石の建物を見上げながら過ごしてきた。土の上を歩きたい。裸足で畳を感じたい。日本食よりも先に、木と紙とイグサでできた日本の家が恋しくなるなんて想像もしていなかった。イタリアは大好きだが、ここには住めない。イタリアとは結婚せず、たまに会う愛人でいるほうがいい。

私は、思いがけず早く、こんな結論を導き出した自分に苦笑していた。

その意味でも怒濤の失恋劇がわずか4日で幕を下ろしたのは不幸中の幸いだったのだ。その後、各地で温かく歓待してくれたイタリアの友人たちのおかげで、私は早々と立ち直ることができた。

2ヵ月の旅の終盤、私はリカルドに電話した。帰国前に彼の真意を聞いて気持ちの整理をつけたかった。「あー、君か、今どこ?」「どこでもいいでしょ。なんで私の部屋で寝たのか、それだけ聞きたくて電話したの」。彼は、私の問いには答えず言った。

「君に夢中だった。これは本当だ。でも、ローマで一緒にいるうちに気持ちが醒めたんだ。君がまだ処女だって言ったときからかなあ。もしかすると、君は僕と結婚するつもりでイタリアに来たのかも……そう思い始めたら急にうざったくなったんだ」

私は何も言い返せず無言で電話を切った。これで充分だ。あの時フィレンツェにひとり残ったのが正しかったことも、彼が私の隣で寝た理由もわかった。遠く日本から来た私に「2日で気持ちが変わった」とはとても言えない。女としてのプライドを傷つけて私から別れるよう仕向けたのだ。

「イタリア男にしてやられた！」

電話を切ったあと、私はこんな被害者意識を抱いていた。だがそれも時とともに変わった。厳しい両親のもと、カトリックの女学校で「結婚前は貞操を守れ」としつけられていた私は、彼にとっては「処女を売り物にするうざい女」だったに違いない。だが、やり逃げすることもできたのに何もしなかった――きっと、そこに彼なりの思いやりがあったのだ――遅まきながらそう思えるようになったのだ。

年月は人を成長させ思い出を美化してくれる。失恋して枕を濡らしていた自分も、暗い雲に覆われていたフィレンツェも、今はすべてがなつかしい。

第9章
シチリア

その1　僧院の怪異

南イタリアのシチリアを訪れたのは1973年の2月。フィレンツェの悲恋の痛手を引きずったメランコリック・ジャーニーだった。

本土最南端、長靴のつま先に位置しているレッジョ・カラブリアから大型フェリーが出港し、45分かけてゆっくりとシチリアの玄関港メッシーナへ向かう。列車も各車両の連結を解き、1両ずつ船倉に積みこんで運ばれるのだが、タイムロスが多く実に非効率な輸送経路だ。政府はシチリアへの産業誘致にさまざまな優遇策を講じているのだが、フェリー輸送は物流上の大きなネックになっている。

英仏が海底トンネルで結ばれる時代だというのに、わずか幅3・3キロの海峡に今日に至るまで橋がかけられていない。これがシチリアの現実だ。何度も俎上に載せられた橋建設のプロジェクトは、マフィアの利権がらみの妨害も噂され、いずれも立ち消えになっている。2003年予算案が上下院で可決。日本も含めた国際コンソーシアムがメッシーナ海峡大橋をかける計画を提出した。工事が予定どおり進むと、2016年に完成し、シチリアはわずか3分で本土と結ばれることになる。だが、いまだ先行きは不透明、まだまだ紆余曲折がありそうだ。

　橋ができると便利になるが、次第に輪郭を露わにする対岸の風景を、船からのんびり眺めることができなくなるのは哀しい。なぜなら、さまざまな旅のアクセスの中で、最も旅情が刺激されるのは海から船で入る方法だからだ。

　私もこの感慨に浸るため、船倉に入れられた列車から降りてデッキに上がった。対岸では、やしの葉が風にそよぎ、冬には不似合いな陽光が降り注いでいる。私はしばしうっとりと港を眺めた後、再び席に戻るため階段を降りた。すぐに私の顔がひきつった。列車用のフロアは、行き先が異なる車両でいっぱいなのに、私は自分の客車の位置など覚えてもいなかったのだ。〝FS〟(国鉄)と大書された車両はすべて同じ黒色でまったく区別がつかない上、行き先表示すらない。到着を知らせる汽笛が鳴り始めると、2月だというのに焦りで汗が噴き出した。血相を変えて列車間を走る私を目にして、同じコンパートメントのおじさんが少し先から声をかけてくれた。

「スィニョリーナ!!　ここ、ここですよ。戻らないんで心配してました」

　ほっとして足から力が抜けた。しかし心配には及ばなかった。何せすべてがスローな国、メッシーナ港の操車場で再び車両の連結をするのにたっぷり30分はかかったのだから……。作業が終わるのを待っている間、働いているおじさん、反対方向に行く列車の車窓から身を乗りだした男の子たち、検札の車掌さんが、そのころまだ珍しかった日本人の私に、ねばりつくような熱い視線とぶしつけな言葉を投げかけてくる。「ミンキア、ケ・ベッダ！（きれいなねえちゃん！）」。ミンキアはカッツォ（男性器）、ベッダはベッラ（美しい）のシチリア方言だ。

地中海最大の島シチリアは、イタリアの中でも特異な存在だ。紀元前4000年に端を発する長い歴史のなかで、フェニキアやギリシャの植民地、ローマ帝国、ビザンチン帝国、アラブ、ノルマン、スペイン、フランス、ハプスブルクと支配者がめまぐるしく移り変わっている。まさに異文明と異人種のるつぼ。北から入ったノルマンの支配者も、人数で圧倒的に勝るイスラム系住民との平和共存を選んだ。蛮族と呼ばれていた彼らは、当時世界最高の文明を誇っていたアラブ人の智恵なしに、この地を統治するのは難しいと悟ったのである。アラブ様式とビザンチン様式など、上層と下層部で様式が異なる建築が多いのも、こんな融合政策の名残である。

イスラム文明の影響は、今も色濃く残っていて、街にたむろしているのは男ばかり、女性の姿は稀だ。戦前まで、初夜の血が付いたシーツを朝窓に掲げたり、寝取った男や浮気した妻を殺すのが名誉の罪として容認されていたりと、男性の自尊心もきわめて強い。しかし、これだけ支配層が替わると、為政者への信頼は希薄になる。その結果、家族と信じられる仲間だけで固まり、秘密結社マフィアが誕生する。私はシチリアのこんなイメージに怖気づき、日本でガイドをした人たちの家に泊まらせていただくことにしていた。

「変わり者」親子

最初の投宿地はシチリア第2の都市カターニア。日本で案内したストラーノ親子が駅まで迎えに来てくれていた。ストラーノとはイタリア語で「変な」という意味。文字どおり「変わり者」の父親は70歳、息子のニコラは15歳の内気な少年だ。紙ゴミが舞う薄汚れた市内に入りストラーノ家に行く。「市内唯一の15階建てペントハウス」。早速自慢が始まるが当然だ。四方ガラス張りの家からは、真っ青なイオニア海、真っ白な雪を頂くエトナ山、カターニア市内の眺望が全面に広がっているのだ。専用のバス・トイレ付きの客用寝室には、バロック様式の大きなベッドが置かれている。観葉植物が並ぶベランダに面したリビングルームは圧巻だった。17世紀風に統一された家具、壁一面に飾られた絵画、骨董のムラノグラスのシャンデリア。まるで美術館だ。

ストラーノ氏のうんちくを聞かされている間、次第に不安になってきた。太った優しそうな女性とは挨拶したが、奥様が出てこないのだ。意を決して聞く。「あの、奥様は？」。ストラーノ氏、一言「おらん」。それでおしまい。あとは聞ける雰囲気ではない。長身の父親に似ず、息子のニコラは背が低くギリシャ系の顔立ち。親子の年齢も離れすぎている。もしかするとお手伝いさんに手をつけて産ませた子なのかもしれない。

市内の観光に出かけるが、バロックの教会が並ぶクロチフェリ通りの混雑と汚れ方は尋常ではない。絵葉書を買う間も貧しげなロマ人の女性が寄ってきて物乞いをする。ウルシーノ城近辺は巨大な貧民街だ。車から降りた私たちを見る人たちの射るような目が怖い。ニコラが言う。「バッグを壁側にして、しっかり抱えて」。城を見終わると、車のドアを中からロックし全速力で走り抜ける。

次に見た古い教会の前に、パピルスが群生する沼があった。紙こそ文明の基礎。マグナ・グラエキア（大ギリシャ）の栄華を今に伝えるのは、パピルスだけなのか。今のカターニアの貧しさに愕然とする。車が信号待ちで停まると、スポンジを手にした子供が窓を拭き小金をせびる。器用に車の間を抜けて、花やトイレットペーパーを売る子もいる。私は、そんな少年のひとりの眼光の鋭さに思わずたじろいだ。私を見る彼の目は、すでにいっぱしの男の目つきで、甘い憐憫を固く拒否していた。

そういえば、その日、遅い昼を食べたピザ食堂でも8〜9歳くらいの男の子が働いていた。ピザを載せた平たい板を自分の背丈ほどの高さの石窯に差し入れて焼いているのだが、小柄な少年にはかなりの重労働だ。好奇心いっぱいの年頃なのに、彼はまわりの客を見ることもなく、ただ黙々と自分の仕事をこなしていた。窯だけを見つめる彼の目には、深い諦めが宿っていた。

わずか3・3キロの海峡は、豊かな南イタリアとシチリアを隔てる深い溝なのだ。

ブルータスはテクニシャン？

夜は、日本旅行に参加していた3人のメンバーも加わり、一緒にタオルミーナへ行く。町は高地にあり、夏、オペラを上演するギリシャ劇場からは白い噴煙を上げるエトナ山と眼下のイオニア海が一望できる。だが、私たちが訪れたのはすでに夜の帳《とばり》が下りたころで、何も見えない。残念がっていると「また来ればいいさ。次はうちにおいでよ」と次々に招待してくれる。歩きながらガブリエレが囁いた。

「なんでニコラの家に行ったんだい。あのおやじ、いばりんぼうでツアー中もみんなに嫌われていたんだよ。僕たち、あの家からクミコを奪還する十字軍なんだ。今晩からうちにおいでよ」

「あなたたちは奥さんなしでツアーに参加してたじゃない。シチリア人は嫉妬深いっていうから迷惑だと思って……」

「ニコラのおやじは独り者だから、もっと危険じゃないか」

「大丈夫、ちゃんと部屋の鍵もくれたわ」

泊めてもらって1日で逃げ出すわけにはいかない。夕食時もストラーノ氏は、ひとりで自慢話をまくしたてた。ガブリエレがさりげなく「日本から来てくれたクミコの声も聞きたいなあ……」と言っても、そんな婉曲な非難が通じる相手ではない。ニコラが父親を黙らせようと、そっと上着を引っ張るが無駄。私たちは諦めて彼の独演会に聞き入った。

食後は、シチリアらしからぬ寒さに震えながら夜のタオルミーナを散策した。ギリシャ劇場でオペラが演じられる夏と違い、冬の街は冬眠中のような静けさだ。

ウンベルトI世通りの写真店のウインドウには、青年のポートレートが大量に飾られていた。いずれも上半身裸で頭に月桂樹の冠をかぶり、ギリシャ神話のナルシスのようなポーズを取っている。イギリス人は、高台の避寒地タオルミーナで多くの美青年を見つけ狂喜した。人間は、エキゾティックなもの、すなわち自分たちの対極にあるものに惹かれる傾向がある。北の彼らは、アラブ風の黒髪、黒目の青年たちを愛《め》でる。タオルミーナに美少年が多いという噂は、あっという間に広まり、ホモ仲間が大挙して訪れる人気の避寒地になったらしい。

タオルミーナには、世界中のセレブ、王侯貴族御用達の5つ星ホテル、サン・ドメニコ・パレスがある。15世紀の僧院を改装したこのホテル、霊感が強い人にはお勧めしない。その方面にはとんと鈍い私も、2000年に泊まったとき、一晩中ベッドの周りを歩くスリッパの音で眠れなかったのだ。別室の友人は、ベッドサイドで脱いだ靴が、翌朝ドアの前まで移動していて悲鳴を上げた。

だが、そんなのは序の口だ。知人の真美は、このホテルで古代ローマの霊に処女を奪われたのだ。

それは、真美が短大の卒業記念に南イタリア旅行をした20年前の春。彼女は同級生の友人と夜遅くホテルに到着しすぐに眠りについた。真夜中、苦しさに目が覚めた。重いものが体の上に乗っている。薄暗くてよくわからないものの、太い首、広い肩幅、逞しい腕が見える。古代ローマの長いトーガのような白の衣服をまとっている。

彼女はこう証言した。

「『誰？　やめて！』、大声を上げて撥ね除けようとしたんだけど声が出ないの。それどころか、もがけばもがくほど彼の腕の中に入っていって、そのうち彼の熱い息が耳元から耳たぶ、うなじへ、そしてゆっくりと下へ……全身が熱くなって、もう何も考えられなくなったの。ベッドがきしむ音が激しさを増して、私は、無我夢中で彼にしがみつきながら『ああ、もうだめー!』って叫んで上りつめたのよ。

そのあとは、ゆっくりと暗い奈落に沈んで意識がなくなったわ。ふっと目覚めると、私はベッドの端でずり落ちそうになってた。

あまりにリアルだった夢の内容を思い出して赤面したんだけど、その時、私、おもらしをしたのかと思うくらいに濡れてたのよ。男性経験のない私に、目くるめく快感と絶頂まで体験させてくれた男のことは、誰にも言ったことがないんだけど、あなたがスリッパ男の話をしたから信じてくれると思って……。

そうそう、私、念のためにベッドの下を確認したのよ。そしたら、前日の夜、落としたイヤリングを探したときにはなかったベッドの脚の痕が絨毯に深く残っていたの。ほんの数ミリだけど、ベッドは確かに動いていたのよ」

ワインのせいか目をうるませて語った真美は、今度は表情を曇らせて続けた。

「その時、友達が鼻歌を歌いながら浴室から出てきたの。もしかすると、昨夜喘ぎ声を出したかもと心配になった私は尋ねたわ。『よく眠れた?』

そしたら彼女何て言ったと思う? 『うん、最高の夢を見たんだー。あー、いつまでも醒めないでほしかったなあ。内容はヒ・ミ・ツだけどね』。その途端、私の中に嫉妬の炎が燃え始めたのよ。どっちが先だったのか知らないけど、私にとっては初夜だったのよ。せめて一晩くらい私だけに捧げてほしかったわ」

真美の告白を聞いた私の胸に湧いてきたのは嫉妬ではなく怒りだった。

「ブルータス、お前もか」

若くてきれいな子を好むのは、時代と国を超えた男の習性だ。

しかし、私の周りを歩き回って品定めした上で、指一本触れずに去るのはあまりに失礼だ。イタリア男の風上にもおけない。だが、恐らくそんな快感を知らないほうが幸せだったのだ。愛くるしかった真美も今はもう40代。それなのに「夢よ、もう一度」とばかり、あのときと同じ快感を探し求め次々に男を替えている。

彼女は今も独身だ。

その2　燃えたぎる血潮

カターニアのニコラ親子のもとに投宿して2日目、朝早くから彼らと車でシラクーサへ向かった。シラクーサは、紀元前3世紀、アルキメデスが数々の数学的発見をした街として知られ、世界文化遺産にも登録されている。ここに、岩地を掘って造った世界最大のギリシャ劇場がある。昔、野外劇場では劇だけでなく人民集会も行われていたのだが、こんな巨大な空間で、マイクも使わず、どうやって声を遠くに届かせていたのだろうか。長年抱いていた疑問がここで解明された。劇場の最も低い所にある石舞台にニコラが立ち、手の先から小さなコインをそっと落とした。ほぼ同時に、最も離れた最上段に座った私の耳に〝チャリン〟という音が、信じられない明瞭さで聞こえたのだ。石の持つ音響効果に驚き感動した瞬間である。

石の音響は「天国の石切り場」でも体験することができる。採石場だった、高さ23メートル、奥行き65メートルの巨大な洞窟は、ギリシャ属国時代、捕虜や囚人たちの獄舎としても使われていた。ここでも、ニコラが洞窟の一番奥に残り、私たちは来た道を引き返し洞窟の外に出た。外の石壁に耳を近づけて待っていると、ニコラが小声で囁いた「チャオ、クミコ」という声が、まるでイヤホン音声のようにはっきりと耳に入ってきた。しかも、ニコラは壁に向かって叫んだのではなく、洞窟の中央に立ち、小声で囁いただけだという。最古の〝盗聴装置〟の性能は文字どおりわが耳を疑うものであった。「天国の石切り場」が「ディオニュソスの耳」とも呼ばれているのは、当時のシラクーサ僭主ディオニュソスが、いつもこの場を訪れ囚人たちの内緒話を聞いていたからである。いにしえの昔から、人間は覗き見と盗み聞きが大好きなのだ。

ちなみに、このディオニュソスが、太宰治の『走れメロス』の王のモデルになっている。太宰治がこの地を訪れたとは聞いていないが、シラクーサは、私たちの想像力をさまざまに刺激する不思議な霊気に満ちた街だった。実際、白っぽい土で覆われた道を歩いているとき、ふと自分が今どの時代に生き、どこの国にいるのかわからなくなった瞬間があった。古代ギリシャにいるようでもあり、法隆寺に向かう斑鳩《いかるが》の道を歩いているようでもあった。不思議なデジャヴ感に戸惑う私のまぶたに、地面にうずくまって幾何学図面を描くアルキメデス、懸命に走るメロス、笏《しゃく》を持つ聖徳太子が、コマ送り写真のように浮かんでは消えた。

エトナ火山とマフィア

シラクーサから帰ったころ、日本ツアー参加者のひとりグイド氏が私に会いに来てくれた。常に物静かで印象も薄かった人が、わざわざおみやげを届けてくれる。その心遣いが嬉しい。おみやげは、色とりどりの野菜や果物の形に加工した特産のアーモンド菓子。中身はマジパンなのか、強烈に甘いので、一口食べた後は濃いエスプレッソが飲みたくなる。もしかすると抹茶の席にも合うかもしれない。お菓子は、カラフルに装飾したシチリア馬車をかたどったバスケットに入れてあり、素朴なフォルクロアがなんとも懐かしい。

おしゃれなダブルのスーツを着こなしたグイド氏は、私がまだエトナ山を見ていないというと、すぐに車で連れていってくれた。標高3323メートルのエトナは欧州最大の活火山で、今も、噴火のたびに溶岩流や火山灰を噴出し、周辺に大きな被害を及ぼしている。私がそのとき乗ったケーブルカーは噴火で破壊され、いま運行しているのは新たに設置された大型ケーブルカーだ。観光客は、これで3000メートル地点まで行き、そこから四輪駆動の大型バスに乗り換えて火口周辺を巡る。噴煙を上げる生の活火山のすさまじい迫力に触れるこのツアーは、ひとり8000円余りと安くはないが、絶対のお勧めだ。

グイド氏の大型ベンツが、石だらけの山道に入ってしばらくするとケーブルカーの駅が現れた。危惧していたとおり、すでに運行時間は終了している。グイド氏は、そんなことは意に介さない様子で駅舎に入り、まもなく鍵の束を手にしたおじさんと一緒に出てきた。なんと、今から私ひとりのためにケーブルカーを動かしてくれるという。高所が苦手なグイド氏は地上に残り、往復30分の一人旅となる。

暮れなずむ中、眼下に広がる雄大な景観に目を奪われつつも、どうも落ち着かない。緊張した面持ちでケーブルカーを操作しているおじさんと、悠然と葉巻をくゆらせて私を見送るグイド氏を見ていて、ふと疑念が湧いてきたからだ。建設業を営むグイド氏、もしかするとマフィアと関係があるのかもしれない。温厚な彼が時おり見せる怜悧な目つきも、鶴の一声でケーブルカーを運行させる行動も気になる。客人に対する厚いもてなしの気持ちと権力の乱用、これもシチリアの不条理なのだろう。

不条理の最たるものが「名誉殺人」と「賠償結婚」の習慣だ。前者は、浮気した妻とその相手を殺しても、名誉を守る行為と正当化されること。後者は、女性を拉致して犯しても、その後結婚すれば罪に問われないこと。イタリアの刑法上、強姦罪は単なるモラルの侵害であり、女性の人権を侵害するものではなかったのだ。これでは、お目当ての美女を襲い、償いと称して結婚する不埒な輩《やから》が出てくるのも当たり前。襲われた女性のほうは、相手と結婚するか、傷物として一生独身を通すかの二者択一を強いられた。この風習に反旗を翻し、刑法改正のきっかけを作った女性がフランカ・ヴィオーラ、17歳。輝くばかりの美少女だ。

1965年12月、フランカに横恋慕していたフィリッポは、12人もの仲間の助けを借り、弟と歩いていた彼女を拉致する。お正月をはさんだ8日間、フィリッポは陵辱の限りを尽くして、彼女を解放した。ところが、泣き寝入り結婚をしてくれるはずの彼女が、誘拐と未成年暴行で有力者の息子フィリッポを告発したから大騒ぎだ。古い慣習に黙って従うべき女性がシチリア社会に異議を申し立てた。すさまじい嫌がらせが始まった。一家のぶどう畑からすべての樹が引き抜かれ、家も放火された。それでも彼女は屈することなく戦い勝訴、フィリッポに11年の懲役刑が言い渡された。女性解放の先駆者と言われる彼女だが、勇気の源は14歳から想い続けていた人の存在だ。数年後、その男性と幸せな結婚をした彼女は、国中から祝福されたという。

わずか20歳の若妻が、内部抗争で殺された夫の仇を討ち、マフィアの大ボスを撃ち殺したことも記憶に新しい。この二つのケースでもわかるように、シチリアの人たちの愛や怒りは、並外れて濃密かつ直情的だ。イタリア語で、南イタリアの人たちの気質を「燃えたぎる血潮」と表現するのも納得できる。

ゴッドファーザーの舞台

熱血漢の本拠地は、マフィアの生まれ故郷コルレオーネ村。両親をマフィアに殺された少年がひとりアメリカに移住する。英語がわからず、移民局で名前を聞かれても沈黙していたため、名札の出身地を苗字と誤解されヴィート・コルレオーネと記録される。これが、アメリカマフィア・コーザ・ノストラのボス〝ドン・コルレオーネ〟物語『ゴッドファーザー』の始まりだ。シチリアロケの舞台にもなった寒村は一躍世界にその名を知られることとなった。

マフィアの前身は大規模農園を守る警備員だ。小作人の収穫物の略奪、家畜泥棒などで口を糊していた彼らは、やがて都市部に進出し、麻薬、売春、みかじめ料などに活動範囲を広げていく。ただし、マフィアはあくまで秘密結社。沈黙の掟が支配する世界なので、表向きは存在しないことになっている。実態は闇の中だ。

組織に初めて司法の手が入ったのは1984年、改悛《かいしゅん》者であるマフィアの大ボス・ブシェッタの告白がきっかけだ。そこから被告476人という空前の大裁判が始まり、政界との癒着も表面化した。政府は、この裁判のために巨大な要塞法廷を拘置所の隣に建設した。被告は、爆撃にも耐える強固な地下道を通って出廷するので、移動中に殺されることもない。法廷には、鉄柵つきの檻のような被告席がずらりと並び、判事たちは防弾ガラスに囲まれて裁判を進める。

裁判はまさに命がけ。関係者が何人も暗殺された。パレルモのファルコーネ・ボルセッリーノ空港は、犠牲になった判事二人の名前を冠したもので、ファルコーネ判事は、高速道路に仕掛けられた大型リモコン爆弾で妻、護衛警官3名とともに亡くなった。反目するグループのボスの子供を硫酸で溶かすなんて朝飯前。血の気の多い彼らは、映画よりはるかに残酷なことを平気でするから怖い。監視が厳しくなったとはいうものの、今も、マフィアは見えない場所にしっかりと根を張っている。

イタリア最大の売り上げ（地下経済）を誇る企業体と言われるマフィアとの共存を強いられるシチリアは、光と影が交錯する地だ。ナポリのごみ問題、メッシーナ海峡大橋、マフィアがインフラに絡む構造の根は深い。

グイド氏と別れたその夜、再びガブリエレたちと合流して郊外の漁村アチレアーレに夕食に行く。サンタ・マリア・ラ・スカーラ（Santa Maria La Scala）、海に迫るようにそびえる岩肌を掘った洞窟トラットリアだ。その日獲れた魚が入り口に並べてあり、客はそこで好きな魚を選んで料理法を指定する。私たちは、いかや小えびを袋いっぱいに入れて、フライにしてもらった。洞窟の天井から下げられた裸電球が、そこかしこに柔らかい薄暗がりを作り出し、気持ちがまったりとなごむ。平日の夜だというのにトラットリアは満員で、各テーブルから立ち上がる笑い声のフーガは、夜が更けるとともに混声大合唱へと変わっていく。

シチリアの強い陽光が育てたぶどうは、アルコール度数14度の濃厚なワインを生む。素朴な地酒とその日獲れた新鮮な魚は、どんな高級レストランの味にも負けないのに格安だ。縮れた黒髪に日に焼けた黒い肌、くっきりと深いしわが刻まれたいかついおやじさんがここのオーナーで、毎日漁に出る。料理をするのは奥さん、中学生の姉と小学生の弟、二人もテーブルをセットし、かいがいしくワインや皿を運んでいる。南イタリアでは10時ごろから夕食を始める。子供たちは何時まで働くのか、翌朝は学校に行けるのだろうかと心配になる。

食事中、ガブリエレに促され洞窟の外に出た。山陰から現れる月が、最も美しく輝く時間だという。彼が見せたがるだけのことはあった。その夜の月は、夜空に君臨する巨大な発光体だった。小船をもやう小さな湾を皓々と照らす光のあまりの神々しさに、私たちは誰もが言葉を失い立ち尽くした。

日本を出てほぼ1ヵ月、月に帰るかぐや姫を彷彿とさせる月光に、私はちょっぴりホームシックになっていた。

女神の託宣

翌日はシチリアらしい陽光に恵まれた最高の日和だった。レモン、オレンジ、アーモンド、フィキディンディア（サボテンの一種）、薄緑の景色が延々と続く。薄いピンクの花を咲かせるアーモンドが桜の花に見え、私の日本ノスタルジーはますます募る。

この日は、ガブリエレの甥ルッジェーロと彼の友人ミンモというパレルモ大学生の二人がシチリアをクルマで案内してくれることになっていた。

早朝出発し、まずはカルタニセッタに向かう。陶器博物館もある陶器の街である。街の中心部には陶器で作られた100段の階段があり、カラフルな模様が目を楽しませてくれるので100段上るのもまったく苦にならない。中心部にある市場を散策した。肉屋には、鮮やかな血の色を晒した屠殺直後の豚、山羊、牛が毛がついたままの状態で吊るされている。私は思わず小さな悲鳴をあげ目をそらしたのだが、狩猟民族の彼らにとっては当たり前。子供も平然と見ている。

そのあとは一路アグリジェントへと高速を走る。アグリジェントはマグナ・グラエキア時代から長期にわたりシチリア最大の遊郭を擁する一大歓楽街だったのだが、今はビルが立ち並ぶ中堅地方都市に変容している。

ここも、カターニアと同じく、どことなくうら寂れた雰囲気が漂っている。しかし中心部から離れたなだらかな丘の上に点在するヘラ神殿やコンコルディア神殿は圧巻。ギリシャ遺跡としての保存状態もパルテノンよりはるかにいいのだが、観光客はひとりもいない。雑草が生い茂る荒涼たる風景は、ギリシャ時代から脈々と続く人の営みを、しみじみ思い起こさせてくれる。

私が遠くを見つめながら物想いに沈んでいると、ルッジェーロとミンモが神殿のそばに群生するクローバーで小さな花束を作り、揃って私の前にひざまずいた。

「オリエントの女神様、どうか、花束を受け取ることで、私どものどちらを選ぶかを示してくださいませ」

二人は、しんみりムードになった私を気遣ってくれたようだ。私は二つとも受け取って託宣を下した。「二人まとめて面倒を見てやるぞ。月水金と火木土と分けて、しっかり勤めるのじゃぞ、よいな」。私たちの間に再び笑いが戻ってきた。

神殿のある丘の下には牧草地が広がり、遊牧中の山羊がゆっくり草を食《は》んでいる。そのそばで、昼休み中の農夫たち10人くらいが円座を組んで食事をしていた。彼らが、私たちに手を振るので、私たちも振り返して歩いていると、今度は何か叫び始めた。ミンモが丘を下って彼らのそばに駆けつけた。

「すげえ方言なんでなかなかわからなかったけど、『一緒に飯食っていけ』ってさ。もう済ませたからって言ったら、ワインだけでもって一杯飲まされちゃった」

走って戻ってきたミンモの頬が、ほんのり染まっている。決して裕福ではない彼らが、少しばかりの昼ごはんを見ず知らずの私たちに勧めてくれる。シチリアの温かさとのどかさに触れ、私はこの地を心底愛し始めていた。

夜、再び彼らと会い、アマリア・ロドリゲスのコンサートに出かけた。ルッジェーロの大学の仲間が大勢集まっているなか、私が目を引かれたのはシチリアの女の子たちの比類のない美しさだ。大学に通い、コンサートに来るくらいだから上流のお嬢様ばかり。ギリシャ、アラブ、ノルマン、フランス、スペイン、オーストリア、さまざまな血が混じり個性的な美を作りあげている。さすが南、コンサートは1時間も遅れて10時に始まった。その夜、ファドは、普遍の哀歌となり、シチリアの夜空に長く伸びて吸い込まれて行った。早朝から深夜まで密度の濃い一日だった。

恋人に会うためにイタリアに来た私は、この旅のことを誰にも連絡していなかった。それにもかかわらず、誰もが私の急な訪問を心から歓迎してくれた。憔悴して少し痩せ、口数も少なくなっていた私を気遣い、片時もひとりにならないように気遣ってくれた。

　親戚まで動員してアテンド態勢を整えてくれた彼らの中には、立ち入って理由を詮索しようとする人も、失恋という弱みにつけこんで口説く人もいなかった。フィレンツェからいきなりシチリアに飛んだのはまちがいではなかったのだ。南国らしい暖かな優しさに包まれ、私の傷も徐々に癒えていった。官能の大地シチリアは、私の永遠のふるさとになったのだ。

その3　パレルモの貴族

カターニアに入って4日目の朝、ヴィートがニコラの家に迎えに来てくれ、一路シチリア州都のパレルモへ向かった。ヴィートは、もともとはパレルモの出身で、日本旅行には奥さんアントネッラと参加していた。

車中、ヴィートは問わず語りに自分の話をしてくれた。

「僕が今、カターニアに住んでるのは、アントネッラが愛人を作ったからなんだ。あんな性格だから、隠れて浮気するのが嫌だったんだね。ある日普通に帰宅したら、いきなり切り出された。『私、好きな人ができたの。彼とはとうとう肉体関係にまで行ってしまったから、あなたとはもう終わり、今日からセックスもしないわ』。彼女は、そんな爆弾発言を、まるで今年のヴァカンスの行く先を伝えるみたいに淡々と言うんだ。

ショックで茫然自失した僕は、夕食が一口も喉を通らないというのに、彼女は普通に食べてた。僕は、彼女のそんな凜とした強さに惹かれて結婚したんだから自業自得かな。

その日から、彼女は、ベッドの真ん中にクッションでバリケードを作って僕に背中を向けて寝始めたんだ。そうなると、ますます彼女の魅力が増す。彼女を襲って犯したい、彼女は愛人とどんなセックスをしたのだろうか、畜生、そいつを惨殺したい。僕は、狂おしい妄想で一睡もできないでいるというのに、彼女は規則正しい寝息を立てて熟睡してた。

彼女が僕をなんとも思っていないことは、これで明らかだった。僕は翌朝家を出てカターニアに仕事の場所を移した。その後、彼女は2年足らずで彼と破局を迎えたんで、僕たちはまたもとのさやに納まったってわけ。日本はその仲直り旅行、僕たちの2度目の新婚旅行だったんだ。そうそう、今アントネッラのお腹には、メイド・イン・ジャパンの赤ちゃんがいるんだよ。僕ももうすぐパレルモに戻るんだ」

私は驚いて言った。「よくアントネッラを許したわね」。彼は苦笑して答えた。

「許すも何も……愛する人のそばにいたいのは当たり前だろう。結婚は本来、自我と自我の戦いで、いつも自我が強いほうが勝って、愛が深いほうが負けるんだ。今の僕も、愛すれば愛するほど不安に駆られて一時も気が休まらない状態なんだよ」

自我の固まりのようなアントネッラの顔が浮かんできた。

3時間後、パレルモに着く。ここは、西洋彫刻の教授として明治政府に招聘されたラグーザの生地であり、彼に見初められ、イタリア人と結婚した初の日本女性となったお玉が嫁いできた地でもある。日本人初の女性洋画家としても名を残しているラグーザお玉が、この地に上陸したのは1882（明治15）年。飛行機で来ても「はるけくも来たりしものかな」と思う地に、親と離れ船旅で着いた21歳のお玉の心細さはいかばかりだっただろうか。しかも、彼女の場合、結婚を反対され、勘当同然の身での渡伊である。あの時代の国際結婚こそ、まさに〝死闘〟だったに違いない。

日本で水彩画を学んでいたお玉は、イタリアで正式に洋画を習い始める。天賦の才能があったのだろう。彼女の絵は、芸術の本場イタリアでも、すぐに高い評価を受けるようになる。自分の描く絵が、描くはしから飛ぶように売れるのが不思議でたまらないと、後日、彼女自身が語っている。お玉は、パレルモで52年も暮らし、夫を見送ったのち初めて帰国した。そのときは、すっかり日本語を忘れていたという。お玉の絵はすべて本格的な油絵で、見たところ日本人の作品だとはわからないのだが、背景に藤や牡丹がさりげなく入れられていたりもする。日本女性の感性がほのかに立ちあがるその部分から、彼女の秘めた望郷の想いがひしひしと伝わってくるのである。

パレルモは人種のるつぼのシチリアの象徴でもある。ノルマン、アラブ、ロマネスク、階層ごとにファサード（建物の正面）の様式が変化する建物も多い。標高600メートルのペッレグリーノ山から、まずパレルモ港と市街を俯瞰、その後は、中心部から徒歩で巡る距離にあるノルマン王宮、カテドラル、キアラモンテ宮を見てまわる。

お勧めは、８０００体の遺骸が所狭しと壁沿いに並べられているカタコンベ・デイ・カプチーニ。このおどろおどろしい墓所は、カプチーニ修道院の地下にある。空気が乾燥しているためか見事にミイラ化した遺骸は、見慣れるとそれぞれが個性的、遺骸になっても美醜は判別できるものだ。

陽光がぶどうを完熟させるシチリアは、隠れた銘醸ワインの産地でもある。シチリアを中心に２５０種ものワインを揃えたワインバー、オステリア・デイ・ヴェスプリ（Osteria dei Vespri）、そして、都会的に洗練されたシチリア家庭料理を堪能できるアル・デスコ（Al Desco）。双方ともパレルモを訪れる人にははずせない場所で、その美と味のセンスに触れると、誰でも、パレルモ文化の底力を深く認識するのである。

失っただけの人生

パレルモでお世話になるヴィートの家は16世紀に建てられた由緒ある重厚な建築物だ。「コンチェッタ！」。初日の朝から女主人アントネッラの金切り声で目が覚めた。コンチェッタは、アントネッラが結婚するとき実家から連れてきたお手伝いさんで、なんと12歳からこの家に住み込んで掃除洗濯をこなしている。彼女はお仕着せの白いスモックを身にまとい、こまねずみのように働くのだが間の抜けた失敗が多く、その都度ヒステリックな叱責を受けていた。

シチリアで驚いたのは、南北イタリアの格差以上に島内部での貧富の格差が大きいことである。旧貴族は今もヴィスコンティの映画『山猫』を彷彿とさせる世界を守っており、下層の人たちと混じり合うこともなかったのか、顔つきもまったく異なっている。パレルモの名家出身のヴィートはノルマン系の金髪碧眼、アントネッラはシェヘラザードのような黒髪黒目のアラブ系の美人である。二人ともすっきりと背が高く、為政者の血を引くノーブルな顔つきをしている。実際、ヴィートはノルマン朝の王の家系で、二人は異例の許可をもらい、現在州議会場になっているノルマン王宮内のパラティーナ礼拝堂で結婚式を挙げている。

一方、コンチェッタは、黒髪、浅黒い肌こそアントネッラと同じアラブ系なのだが、身長は150センチ、太い眉があかぬけない顔をさらに重苦しいものにしている。私は聞いた。「コンチェッタ、いくつになったの?」。イタリア語で「何年を完了したの」という表現をする。彼女が答える前にアントネッラがすばやく割って入った。

「19年、ただし彼女の場合〝完了〟じゃなくって単に失ってきたんだけどね」

私には優しいアントネッラも彼女に対しては女王のごとく尊大である。それでもコンチェッタはにこにこ微笑んでいる。

私と3歳しか違わないのに、遊びや旅行にも縁がなく、読み書きもろくにできない彼女の境遇に胸が痛んだが、彼女は日曜ごとのミサに精一杯のおしゃれをして出かけるのを唯一の楽しみにして幸せそうに生きていた。

滞在中のある日曜日、コンチェッタがミサから帰ってきた。正装の黒いワンピースに引き詰め髪、足には虫に刺された痕が模様のように散っている。彼女は、くすんだ色の口紅を引いた唇に天使のごとき微笑をたたえて帰宅の挨拶をした。その後着替えに行く彼女の後ろ姿を見て、私は仰天した。ワンピースの裾から白のコットン・シュミーズが10センチくらい垂れて出ていたのだ。着古したシュミーズのレースが破れてしまったのだろう、かわいそうで何も言えなかった。幸いアントネッラは見ていない。見ていたら、きっと「なんてだらしないの」と、怒鳴りつけていたに違いない。

私はアントネッラに言った。「コンチェッタって、中世から抜け出してきたような雰囲気を醸し出してるわね」。アントネッラは雑誌から目も上げず答えた。

「中世？　原始時代のまちがいでしょ」

夜は、欧州でも3番目の大きさを誇る、マッシモ劇場に『椿姫』を観に行く。3000

席もある巨大劇場は、広い階段を上がってエントランスに辿り着く構造になっている。客は階段を上るときから、次第に「ハレ」の気分を高めていくことができるのだ。階段の上には、巨大なコリント式柱が6本あり、その荘厳さは、劇場というより神殿に近い。

その日、椿姫のヴィオレッタ役はレナータ・スコット。ヴィートは最高のます席を年間通して借り切っている。初日とあって、みな盛装で、女性は、大して寒くもないシチリアだというのにいずれも毛皮を羽織っている。私も着物を着ていき、称讃のまなざしを浴びる。イタリアの辺境ともいえる南部の地方都市に、これだけの富と文化が蓄積されていることに驚く。

オペラがはねたあとは、11時過ぎだというのに劇場支配人のお宅のパーティに参加、パレルモの貴族たちの夜は終わることなく続いた。その間、私は気が気ではない。雨の少ないシチリアの水不足は深刻で、12時半から朝までは断水なのだ。流し水で顔を洗って、たっぷりのお湯に体を浸したいが、それはシチリアではオペラ以上の贅沢だ。

献身的な小作人

翌日は、ヴィートの領地見回りに同道した。彼は、まずアントネッラ所有の近場の農地に赴いた。パレルモから少し離れると道も舗装されておらず、でこぼこのどろ道になる。車を停め、しばし細い山道を歩いていくと小さな漆喰塗りの家が見えてきた。「ボンジョールノ！」、ヴィートの声に、小柄な女性が振り向いて満面に笑みを浮かべた。丸い顔がさらにその円周を広げ、彼女の喜びがまっすぐ伝わってくる。

上下黒の長い服に黒のスカーフを頭に巻いた女性は、スカートをたくしあげ、畑にいた男性を呼びに走った。大きな丸い顔、いかつい体軀の男性が入ってきた。頭の毛も薄く、真っ黒な顔には日焼けによる深いしわが刻まれている。

ヴィートと彼が立ち話をしているそばで、女性のほうはソーセージを切り分け、炭火鉢の中に直接卵を入れた。昼には早いからと固辞するヴィートに、「生みたての卵だけでも召しあがってください」と言うが早いか、カルメロという名の男性は丸太のような腕をまくりあげ、熱さをものともせず、器用に殻をむくと卵を私にさし出した。炭の灰の中にわずか2分間入れておいただけの卵は、見事な半熟卵に仕上がっていた。

「おいしーい」

感嘆の声をあげた私を見て彼の顔にほんのり紅がさした。カルメロは自家製の腸詰めソーセージを数キロかかえ車まで運んでくれた。私は彼のグローブのように大きく、石のように硬い手をしっかりと握り、彼を見つめてお別れの挨拶をした。「とても楽しい時間を過ごすことができました。ほんとにありがとう。これからもやさしい奥様と幸福に暮らしてくださいね」。瞬間、彼の顔が目に見えるほど真っ赤に染まった。

ヴィートの車は小石をはねあげながら発進した。私たちが見えなくなるまで見送るカルメロは、手を振るわけでもない。銅像のように立ち続けていた。

「真心溢れるあったかーい人たちだったな」

感慨に浸っている私に、しばらく黙ってハンドルを握っていたヴィートが言った。

「クミコ、老けて見えるけどカルメロはまだ28歳の独身で、女性は未亡人の母親なんだよ。まじめないい青年なんだけど内気すぎる。母親と二人きりで自給自足の生活をしているから世間知らずで、特に女性にはまったく縁がない。生まれて初めて東洋の若い女性を見て、彼はすっかり舞いあがっていたよ。あの発言はちょっとかわいそうだったなあ」

今度は私が恥ずかしさと申し訳なさで真っ赤になる番だった。

イタリア版木下藤吉郎

次に向かったのは、車で1時間以上走る内陸部フォルマッジョ山のふもとだ。ヴィートは一帯に広大な領地を保有していた。フォルマッジョとはチーズのことで、彼の農場で作られるチーズは、毎年金賞を受賞する名品だ。畜産品でも数々の受賞歴を誇っている。ヴィートの車を認めた牧童や小作人たちは、嬉しそうに手を振る。彼が敬愛されていることがよくわかる。

領地にある避暑用の別荘は住み込み夫婦サルバトーレとマリアが守っている。サルバトーレとマリアという名前は、シチリアの庶民に最も多い名前だ。サルバトーレとは救世主のこと、すなわちイエス・キリスト。マリアはもちろんキリストの母、聖母マリアだ。貧しければ貧しいほど神にすがるのか、この名前が異常に多い。二人は、突然の訪問にもかかわらず、忠犬のごとく喜んで御主人を迎えに出てきた。二人が話すシチリア方言は、私には一言も理解できない。ヴィートが収穫量などを記した書類の確認をしている間に、サルバトーレは私の腕を引き、台所の後ろの納屋に連れていった。

棚いっぱいに乾麺の入った瓶が並んでいる。まるでパスタの陳列場のようだ。形、長さ、太さがさまざまに異なるパスタを見せながら、サルバトーレは手まねで伝えてきた。「どれが食べたいか選んで」。私は、筋の入った太めのマカロニ、リガトーニを選んだ。マリアは夏に自分で瓶詰めしたフレッシュなトマトソースであえたリガトーニ、自家製のチーズや子羊の肉で心のこもった昼食を準備してくれた。もちろん夫妻が私たちと共にテーブルにつくことはなかった。

食後ヴィートは習慣になっているシエスタに入った。大きなダブルベッドも、いつ来るかわからない御主人のためにこの上もなく清潔に整えられている。一家の苗字が刺繍された真っ白なリネンのシーツにもシワひとつない。

ヴィートが寝息を立てるころ、サルバトーレはベッドサイドからそっとヴィートの靴を持って部屋から出てきた。畑を見回ったため泥だらけになった革靴の汚れを丁寧にぬぐい、あとはブラシでぴかぴかに磨きあげた。南のシチリアとはいえ、標高が高いこの地の冬は寒い。サルバトーレは再び足音をしのばせて御主人の寝室に入ると、革靴の代わりに柔らかい部屋履きを暖房用の温水パイプの上に置いた。

いぶかる私に彼は小声でささやいた。

「お目覚めになったらすぐに暖かいスリッパをお持ちするんです」

まるでイタリア版の木下藤吉郎ではないか。彼自身は暖房のない廊下に置いた椅子で、御主人の目覚めをひたすら耳を澄ませて待っている。台所ではマリアがベッドサイドに運ぶエスプレッソコーヒーの準備を整え、しのび足で歩いている。慣れないシエスタになかなか寝付けないでいる私の頭の中で、権利、平等、反体制といった学生時代叫んでいたスローガンが徐々に色褪せていく。ふたりの優しさに包まれ、私もまどろみに入っていった。シチリアは、神への感謝と純朴な愛に溢れた民に支えられた平安の地であった。

第10章
マテーラ

少年の笑顔

2008年の調査の結果、日本人が最も行きたい旅先の1位に堂々イタリアが選ばれた。とりわけ女性に人気が高く、なんと独身女性の約半数、既婚女性の約4割がイタリアを1位にあげていた。毎年200万人もの日本人が訪れるイタリア。そのなかで、近年、人気を集めているのが南イタリアだ。

シチリアのシラクーサで撮影された映画『マレーナ』に、広場にたむろする男たちの視線がモニカ・ベルッティ演じるマレーナにまとわりつくシーンがある。

歩く彼女の全身をなめまわすように上下し、後ろ姿が見えなくなるまで追う無数の熱い目。実は、南イタリアを訪れる日本人などほとんどいなかった1973年、私も同様の体験をした。もちろん、ベルッティのセクシーさに惹かれた視線とは異なり、めずらしいモノを見る目線である。

失業率が高い南には、暇を持て余している男たちが大勢いる。女性に目が行くのは仕方がないのだが、ここでは若い男の子たちが子供のように無遠慮な行動をするのだ。日本人の私を見ると、あからさまに驚愕の表情を浮かべ、次は、すぐそばに近寄ってきてまじまじと見つめる。そして、その後は後ろから付いてくる。こんな男の子たちの人数はどんどん増え、10人以上を引き連れて歩く私が、さらに注視の対象となる。場所はカラブリアのカタンザーロ、一緒に歩いていたイタリア人夫妻が言った。

「彼らは、生まれて初めて東洋人を見たのよ。退屈な街ではトップニュースよ」

幼いころ、郷里の広島で西洋人を見つけると、私も見つめたものだ。だが、近寄ったり、付きまとったりはしなかった。イタリア人は、いくつになっても感情の赴くままを正直に行動に表す民族のようだ。

しかし、こんな対応に緊張し、足がすくんだのも初日だけ。慣れてくると、自分が女王様になったみたいで実に気分がいい。イタリア女性が、胸やお尻を精一杯強調する服を着ているのは、男性の視線を集める快感に目覚めたからに違いない。女性を美しくするのは、やはり男たちの視線なのだ。

女王体験がやみつきになり、私は、シチリアに5回、カラブリアやプーリアには6回も訪れている。カラブリア州は長靴のつま先、プーリア州はかかとの部分。カラブリアの州都、うら寂れた港街レッジョ・カラブリアが、日本で有名になったのは中村俊輔のおかげだ。初の海外移籍でこの地のサッカーチームに所属した彼のカルチャーショックは想像に難くない。取材で訪れた日本人ジャーナリストたちは、タクシーにメーターがなく、料金を交渉で決める街が、先進国の中にあることに腰を抜かしたらしい。

アルベロベッロのトルッリ

今、南伊の一番人気は、なんといってもアルベロベッロ。1996年、世界遺産に登録されて以来、世界各国から旅行者が引きも切らない。目玉は、石積みのとんがり屋根に真っ白な漆喰壁の住宅〝トルッリ〟で、1500軒が軒を並べる様はおとぎの国さながらだ。トルッリは、旧市街地のアイア・ピッコラ地区とリオーネ・モンティ地区に集中していて、前者は静かな住宅地区、後者は商業地区になっている。

私が訪れたころは個人住宅ばかりで、歩く人も稀な生気のない街だった。トルッリを眺めながらゆっくり散策していると、ランドセルを背負った学校帰りの男の子が私に近づいてきた。彼は、頼みもしないのに隣で観光案内をし始めた。声に抑揚がないので、テキストを棒読みしているようにしか聞こえない。暗記している10分程度の説明が終わると、少年は「トルッリの中を見せるので僕の家に来てください」と、同じ口調で言うと、先に立って歩いていく。

少年は10歳、浅黒い肌、太い眉、黒髪、黒目のアラブ系で、色柄がちぐはぐなセーターとズボン、その上にさらにチェック柄のジャケットを羽織っている。彼が一軒の家の扉を開けると母親らしき女性が出てきた。眉の間と鼻の下に黒毛が密生していて、父親とまちがえるほどいかつい顔だ。家の中は意外に広く、きれいに整頓されている。至るところに、カラフルな模様の手織り生地が置いてあり、母親は、尋ねもしないのに布を広げて価格を言い始めた。鈍い私も、やっと少年にはめられたと気づいた。観光客を見つけて家を見せると誘い込み、商品を売りつける。少年は、自分の行為を恥じているのか、部屋の隅で怯えた目つきで母親を見ている。私には、何も買わないでこの場を去る勇気はなかった。民俗調の小さなテーブルセンターを一枚６０００リラ（当時の３０００円）で買い求めた。不当な料金だが少年へのチップだと思って黙って払った。嬉しそうな母親のそばで、少年は最後まで私と視線を合わすことなく、暗い顔で立ちつくしていた。

今、トルッリがお洒落なショップやレストランに改装され、各国の観光客で溢れている。まさに隔世の感がある。忘れられていた貧しい村が信じられない変貌を遂げたのだ。南イタリアの観光開発は、今後もどんどん進んで行くのだろう。しかし、ここにも葛藤はある。ポンペイやアルベロベッロをはじめとし、イタリアの観光地は、近年、観光客の急増で保存の危機に瀕しているのだ。経済発展と昔のままの姿の保存、この二つのバランスを取るのは実に難しい。

保存の問題は職人が激減していることにも起因している。トルッリは、16世紀半ばにここに移住した貧しい農民たちが、封建領主アクアヴィーヴァ伯爵に払う借地料を逃れるために考案したと言われている。石を積み上げた屋根には、鍵になる石がひとつ入れられていて、それを抜き取ると瞬時に屋根が崩れ、家の体裁をなさなくなるらしい。この特殊な石積み技術を身につけた職人が激減し、屋根の保守ができなくなっているのだ。後継者不足に焦った街は、無料の養成コースを開設したのだが、なりたがる若者は少ない。トゥルライオと呼ばれる職人の収入は1日200ユーロ（3万5000円）から250ユーロ（5万円弱）と、決して悪くはない。だが、不安定なとんがり屋根に上がり、石の大きさを選びながら1点ずつ積み上げていく作業は過酷きわまりないもので、10年も続けると完全に腰を痛めてしまう。茅葺き屋根の職人がいなくなる日本と状況は酷似している。

君の未来に幸あれ

カラブリアとプーリアを回る間、私は、ターラントの家族のもとに滞在していた。ターラントは、長靴の土踏まずの位置にある港街で、ピタゴラスのいたクロトーネにもほど近い、大ギリシャの支配地域だ。驚くべきことに、この家の飾り棚には、美術館級の古代アンフォラが数点飾られていた。当主のフランコはこともなげに言う。

「ここらじゃ、郊外の地面をちょっと掘れば、いろんなものが出てくる。考古学財産だから国に供出しなけりゃいけないんだが、そんなことする馬鹿がいるはずはない。そうだ、クミコにもひとつやるよ。紀元前800年頃の壺だ。税関で見つかると文化財密輸で捕まるから、下着の間にでも隠して出国するんだぞ」

小心者の私は丁寧にお断りしたが、小ぶりだが完全な形で出土した逸品だった。惜しいことをした。

滞在中、皆でマテーラ観光に行く予定を立てていた。ところが前夜からその家の4歳の娘が発熱。仕方なくご主人のフランコだけが私を案内してくれることになった。

マテーラは、バジリカータ州にある、もうひとつの世界文化遺産。グラヴィナ渓谷の石灰岩を掘った洞窟住居サッシが並ぶ独自の景観が人気を呼んでいる。8世紀頃、サラセン人の迫害から逃れた東方の修道僧たちが、新石器時代の洞窟に住み始めたのが起源で、その後15～16世紀になると、オスマントルコに追われたセルビア人やアルメニア人も住みつき4000軒もの住居群になった。住居とはいえ、あくまで洞窟、衛生状態は劣悪だ。

1952年、原始的な村の存在を恥じたイタリア政府が、住民に移住命令を出したため、一時廃墟となったのだが、その後、歴史文化資料として見直されるようになった。世界遺産に登録された今は、屈指の観光スポットに再生している。

その日、私たちは午後2時過ぎにマテーラに着いた。午睡の時間帯でもあり、街は死んだように静まり返っている。フランコが聖堂のある広場にクルマを停め歩き出そうとしたとき、どこからともなく男の子が出てきた。8、9歳くらいか、半ズボンから出た足はまだか細く、汚れが浮き出している。彼は、人なつこい笑顔を見せて近寄ってきた。

「いいベンツだね。観光に来たの？　僕が案内してあげるよ。ここは迷路で迷うからね」

黒髪も肌もうす汚れてはいるが、大きな黒い目は澄んだ美しさをたたえている。南イタリアの子供たちは実にたくましい。アルベロベッロの少年と同じく、観光客を見つけて現金収入を得るようしつけられているようだ。違っていたのは、この少年が仕事を楽しんでやっているところだった。

トトと名乗る少年は、忍者のごとき身軽さで街を案内してくれた。洞窟家屋は中に階段を掘り2層になっていて、上からも下からも入れる。奥に掘り進み、部屋を蟻の巣のように増殖させた家もある。トトは空き家を熟知していて、無駄なく面白い家を選んで見せてくれる。ガイドブックを棒読みしているようなアルベロベッロの少年と違い、彼の説明は生き生きしていて楽しいし、子供らしいおしゃべりも好感が持てる。彼のおかげで効率よくマテーラの魅力に触れることができ、40分のミニツアーは終わった。フランコは、ポケットから1000リラ札を取り出し少年に小遣いとして渡そうとした。すると、トトは突然大人びた口調になり断言した。

「おじさん、僕、これ仕事でやってるんだよ。料金は6000リラに決まってるんだ」

「お前、気がふれてるんじゃないのか。そんな金額だったら頼まなかったぞ」

わずか3000円、日本人ならすぐに言い値を払う場面だ。しかし、そんなことではすれっからしが多い南部では生き残れない。フランコもそれ以上払う気がないことを態度で示す。年端もいかない子供だからといって容赦はしないのだ。はらはらしながら見守る私は、「私が払います」と言いたくてたまらなかった。

しかし、それはフランコに対し失礼だ。その時だ、少年はフランコの袖口を引っ張り、後ろ向きになると、男同士といった雰囲気で小声で話し始めた。フランコは苦笑いしながらポケットに手を入れ、さらに1000リラ札を2枚足し計3000リラを渡した。

帰路の車内でフランコは言った。「あいつ、あの年でとんでもない食わせもんだぞ。俺になんて言ったと思う？『あのきれいな女性、奥さんじゃないだろ。彼女、かわいそうに困ってんじゃないか。愛人の前じゃ、ええかっこするのが男だろ。彼女に嫌われてもいいのかよ』だってさ。まったく笑えるよ。あいつ、不運にもこんな貧しい村に生まれてるけど、あの才覚を磨けばいっぱしの男になれるな。3000リラでもやり過ぎなんだが、まあ、あいつの人生への餞《はなむけ》のつもりだと思えばなんともないや」

私は、アルベロベッロで出逢った少年の話をして、法外な値段で黙って布を買ったことを伝えた。

「日本には、〝金は天下の回りモノ〟って諺があるの。家計を助けるけなげな子供たちに、彼らより豊かな私がお金を回してあげるのは当たり前なのよ。ケチはキリスト教の7つの大罪のひとつじゃない」

富裕なエリートエンジニアのフランコは、ケチだと暗に非難されたことを感じとり、やや語気を荒らげて抗弁した。

「クミコ、お前がやったことは二重にまちがってる。まず、欲しくないものを買った時点で、自分を裏切ってる。好きでもないものを値切りもしないで買うのは〝施し〟で、それは、野生動物にえさをやるのと同じだ。彼は、金持ちからえさをもらうのを当然と考えるようになる。いいか、今、俺はあいつと対等に話し合って、彼の戦術や機転を認めたから金を払ったんだが、お前はアルベロベッロの少年を憐れんだだけだ。お前の偽善的満足が、少年の誇りを傷つけたことを自覚すべきだよ」

私は一言も言い返せなかった。確かに、あの少年に一生えさを送り続けることはできない。彼は、この地で、自分の才覚で生きていかなければいけないのだ。金額も渡し方も、より妥当なものにすべきだった。「私には、この布は必要ないの。でも、あなたの案内と、トルッリの中が見られたのは嬉しかったわ。これは、そのお礼よ」と。

帰路、アルベロベッロの少年より明らかに貧しく見えたトトの笑顔が浮かんできた。彼のたくましさ、機転、智恵、明るさが何よりの救いだった。欺瞞に満ちた自分の態度を反省しつつ、二人の少年の未来に幸あれと祈った日だった。

あれから30年以上の時が経った。二人とも、もう父親になっている年代だ。彼らが、子供たちが働かなくてもいい社会を作ってくれていたら、こんなに嬉しいことはない。

第11章 ペルージャ

熟年留学のすすめ

この「イタリア紀行」は、日本人にもおなじみになった街ペルージャで終章としたい。世界文化遺産と自然遺産の数が最も多いイタリアだけに、ご紹介したい見所はまだまだある。それらの街を紹介する機会が再び来ることを祈り、最後にイタリア語学留学を強くお勧めしたい。

最近、各国で、とみにお年を召した方々の留学が増えてきている。イタリアも例外ではなく、進取の気性に富んだ元気な熟年女性が、語学を学ぶために訪れる。なかでも人気が高いのが、外国人にイタリア語を教えるペルージャ外国人大学だ。言語教育メソッドには定評があり、3ヵ月コースを終えると、ほぼ日常会話には困らなくなる。

ペルージャは中部イタリア、ウンブリア州の州都だ。ローマから170キロ北にあるこの地は、なだらかな丘陵が続くこの上もなく優しい景観で知られている。真ん中にアペニン山脈を抱き、「イタリアの緑の心臓部」と呼ばれているくらい緑が多い。

聖フランチェスコ寺院のあるアッシジのほか、グッビオやトーディ、スポレートと、中世の歴史を色濃く残す小都市も数多く点在している。どの町も、徒歩で散策できるこぢんまりしたサイズが魅力だ。周辺の丘には、オリーブの樹が多く植えられている。アドリア海の海風が吹くと、表が濃い緑、裏側が銀色をしたオリーブの葉が大きくそよぎ、シルバーとエメラルドが陽光に一斉にきらめき始める。宝石箱を開けたかと見まがう景色には、誰もがうっとりと見入ってしまう。オリーブの葉に手招きされて訪れるウンブリアは、イタリア屈指の珠玉の州なのだ。

ペルージャの前に寄り道してご案内したいのはオルヴィエートト。列車で、ローマから北へ1時間の距離にある。山上に造られた堅固な城郭都市には、駅からさらにケーブルカーに乗り5分で到着する。そこからバスで、まず大聖堂ドゥオーモに行き、あとは徒歩で街を回る。

是非訪れてほしいのが、１５２７年、皇帝軍のローマ略奪から逃れてきた法王クレメンテVII世が水源確保のため掘らせた聖パトリツィオの井戸。幅14メートル、深さ62メートル、ビル20階分以上の深さを10年かけて掘り進んだのだ。筒状の井戸を囲むように、２４８段の石階段がらせん状に二つつくられていて、水を汲むと、反対側の上りの階段を使って外に出る。

「下るにつれ徐々に暗くなり、やがて音もない幻想の地底王国に到達する。ひんやりした冷気を感じつつ天を仰ぐと、円筒の先の外光がはるか遠くに満月のように光っていた」

これは一緒に行った友人の感想。情けないことに、ヒールシューズを履いていた私は、苔むし滑りやすい階段に怖れをなし、40段くらい降りた後、掟破りの方向に逆戻りして遁走した。今もそれが心残りだ。

さて本題のペルージャだが、小高い丘の上にある愛らしい街だ。モントルーと並ぶ国際ジャズイベントであるウンブリア・ジャズフェスティバルは1973年から毎年ペルージャをメイン会場にして地域一帯で開かれている。10日間の会期中、街の広場や路上で行われるジャズ演奏は無料。昨年も30万人近い人が訪れた。

若くして引退したサッカーのスター中田英寿選手が初めての海外移籍で入ったのも、このクラブチーム。これを契機に日本人が大挙して訪れるようになったのだが、その前から、ペルージャ外国人大学には日本人が多くいた。イタリア語を学ぶ外国人はまずここに籍を置くことが多いのだ。初級、中級、上級の上には、海外でイタリア語を教える資格が取れる最上級コースも設定されている。だが、日本人が多いことは、危険な落とし穴でもある。ついつい仲間で集まってしまい、日本語で生活するという失敗をおかしがちなのだ。そうなるといつまで経ってもイタリア語は上達しない。

日本人の悲喜こもごも

私は1970年から通訳を始めたのだが、そのころ、イタリア語を話す仲間は二つのカテゴリーに分かれていた。ひとつは、上流のお金持ちお嬢さま。ゲーテの時代のグランドツアーと似ていて「見聞を広め、嫁入り道具代わりにイタリア語を身につける」ために留学する優雅な層だ。もうひとつのカテゴリーが、青雲の志を抱いてイタリアに来て芸術を学ぶ苦学生たち。音楽を筆頭に、絵画、彫刻、建築などが多いが、これらの分野で頭角を現すことができるのは、ほんの一部だ。

70年代、イタリア語通訳の草分け世代には、箱根屈指の高級旅館「強羅花壇」の女将ミワコさんがいる。着物姿の美人女将がＶＩＰのイタリア人宿泊客を流暢なイタリア語でもてなすグルメ旅館として、イタリアでも知られている。彼女は語学留学の経験を今も仕事に生かしており、イタリアのファッションアイテムやジュエリーの輸入販売、イタリアレストランの経営と、イタリア尽くしの生活を生き生きと楽しんでいる。

もうひとりのお金持ち組は、ブレラ美術学校に留学したユリコさん。まず基本のイタリア語を学ぼうと1年間ミラノで語学学校に通った。お金持ちとはいえ、当時は外貨持ち出し規制があったので、使える金額はごくわずか。できるだけ安い住まいを見つけようと奔走していたとき、運よく新聞で格安物件を見つけた。「当方93歳の老人。部屋が2室余っているので貸したし」。場所も学校のすぐ近くで便利がいい。賃貸収入を年金の足しにでもするのだろう。彼女は早速、郊外のペンションホテルを引き払い、その住所に向かった。

扉を開けて顔を出したのは、歳相応のくたびれた老人だった。禿げ上がった頭頂部のまわりには白髪が残っていて、それが肩まで達している。まるで仙人か老博士のような風貌だ。世間知らずのユリコは、彼が家でも三つ揃いのスーツを着ているのを見て、立派な人物だと確信した。

借りた部屋は清潔で広々としていたし、台所も自由に使えた。幸運を喜んでいたのだが、その夜から思惑違いの状況が展開し始めた。毎夜8時ごろから1時間以上、彼の電話ラブトークが始まるのだ。口にするせりふは情熱に溢れている。相手の美貌を賛美することから始まり、愛の告白、そしてみだらな言葉を駆使したテレフォンセックスに移行する。「あー、今、君の乳房を噛んでいるよ……」「君の恥ずかしいところを触っているよ」。

呆れたじい様だが、現実の行為ができないぶん仕方もあるまいと我慢することにした。ところが、毎週土曜日の夕刻、派手な化粧をした元プロ（？）とおぼしき金髪女性が訪ねてくる。50～60代に見えるこの女性とじい様は、部屋に閉じこもり日曜の朝まで出てこない。毎日の電話での会話と、土曜のお泊まりサービス。いくら要求されているのか知らないが、ユリコは、イタリアの高齢者の年金の使い方と、思いがけないパワーに感嘆を新たにしたのだった。

シスターも感激！

自分に被害が及ばなければ、何をしようと勝手。そう割り切っていたユリコだが、ある日、シャワー中に人の気配を感じた。じい様がシャワー室を覗き見していたのだ。堪忍袋の緒が切れた。新しい下宿を見つけると荷物をまとめ、部屋を出ると宣言した。老人の怒りが炸裂した。彼はアパート中に聞こえる声で、階段を降りる彼女に叫び続けた。「うちの鍋がひとつ足りなくなっとるんだ。鍋泥棒！　113番に電話してやる」。彼女はなつかしそうに語った。

「何で、盗んだものが鍋になるのか理由を聞きたかったけど、一目散に逃げたわ。それで、その怒鳴り声を聞いて、そうか、イタリアの警察は113番なんだって、すかさず学習メモに書き付けたの。何事も勉強よ。あの家で、盗み聞きして愛情表現もいっぱい覚えたわ」

私は言った。

「覗き見と盗み聞き、同等の罪じゃないの？　それに、愛情表現の仕方も宝の持ち腐れで終わったようね」

結局ユリコは、宿泊施設などのサービスが揃っているペルージャに移って語学勉強を続け、美術ではなく、イタリア語の最上級の資格を取得して帰国した。彼女も、イタリア語を使う仕事に就き、今は独立してイタリアジュエリーのビジネスを展開している。

さて後者、苦学生通訳の代表といえば〝由緒正しい〟清貧の家の娘エリ。今もガッツに溢れている彼女は、小田実の『何でも見てやろう』と五木寛之の『青年は荒野をめざす』をバイブルに、イタリア留学を果たした。気骨ある父上は、中学校を卒業する娘にこう尋ねたという。「これで義務教育は終わりました。あなたの今までの様子を見ていると、どうも、勉強が好きだとは思えないのですが、高校はどうしますか？」。京大を卒業した親がひとり娘に言うせりふとは思えない。

幸いこの教育方法が奏功し、エリは独立心の強い子に育った。高校卒業後、短大に進学、アルバイトでお金を貯め、1974年、バックパッカーの恰好でイタリアへ出発した。経路は、京都から列車で横浜、横浜から船でナホトカ、そこからシベリア鉄道でハバロフスクへ。ここでやっと文明の利器、飛行機に乗りモスクワへ。再び列車でワルシャワを経由し、イタリアに入国、ペルージャに着いたのは日本を出てから10日後だ。

貯金を取り崩しながら学ぶ彼女の食事は、町の救済センターのような食堂。学食より安いというから、そのレベルは想像がつく。ある日、街を歩いていた彼女、突然気を失って倒れてしまった。すぐに病院に搬送され、さまざまな検査が行われた。当時22歳の彼女には当然、婦人科のチェックも実施されたのだが、終了後ベッドを押していた看護師の中年シスターは、感に堪えないといった様子で彼女を抱きしめて言った。「何て立派な女性なの！　えらいわ」。ぽかん、としている彼女に、シスターはゆっくりと言葉を続けた。

「あなたの年まできちんと処女を守っているのは尊敬に値します」

女性を口説くのが礼儀という国で処女だということは、単に女としての魅力に欠けている印ではないか。素直には喜べないエリであった。

ともかくも行き倒れて収容されたカソリック系の病院が彼女に下した診断は、「栄養失調」。これがほんとうのハングリー精神だ。

人生も旅も2倍楽しもう

こんな風に力強く海外生活に挑む友人たちと比べると、私は究極の「へたれ」だ。

1973年から70回近くイタリアを訪れているというのに、留学はおろか一度も住んだことがない。実は、そのチャンスもお誘いも数知れずあった。

「イタリアで仕事をしないか」をはじめ、「結婚して」「愛人になってくれ」（ほほ、軽く自慢ですけど……）など、毎回迷うのだが、どうしても踏み切れなかった。私は、行動に移す前についシミュレーションをやり過ぎてしまうのだ。さまざまな想定をした後、現状を変える勇気を失い、その結果、現在の出家状態、いやほぼ即身仏同然の清らかな生活に到達しているのである。

シミュレーションの例をあげると、

その1　イタリア人は熱しやすく冷めやすい。捨てられて帰国することになるとみじめだ。

その2　タフなイタリア人のこと、毎夜、迫られると疲れるし、拒否すると浮気されそうだ。

その3　社交的で美食家の彼らは、友人を招き家で夕食を共にすることが多い。私は料理が不得意。恥ずかしいし面倒だ。

その4　日本の両親に何かあっても、すぐに帰郷できない。

その5　たたみ、ふとん、もみがら枕が必需品。
その6　公共交通機関が不備で運行もいい加減。車がないと行けない場所が多く、自由に動けない（私は車の運転ができない）。
その7　和食が好きで、なかでも寿司は週に一度は食べないと落ち着かない。
その8　家でくつろいでいるときまで外国語を使いたくない。
その9　何事も言葉で確認したがるイタリア人に「以心伝心」は通用しない。愛してると毎日言うのも言われるのもうざったい。
その10　自分の子が日本語の読み書きができないで育つと哀しい。

こんな風に、思い浮かぶのは、イタリア人と結婚してイタリアに住むデメリットばかりだった。「勇気を出して一歩を踏み出していれば、まったく異なった人生を送れたかも」と今頃無念のほぞをかんでいる。

そこで、「違う人生を生きたい」「死ぬまでに、もう一度、身を焦がす恋をしたい」などと思っている方々にペルージャ語学留学を提案したい。ペルージャは、外国人女性を狙うナンパ青年たちが大挙して訪れる屈指の国際恋愛都市。新たな出逢いには事欠かない。

ただし、出逢いに危険はつきものなので、留学する際は、自分を大切にする心と人を見る目が不可欠になる。

「つきあっている人を見れば、あなたという人間がわかる」（類は友を呼ぶ）という言葉があるとおり、友達はしっかり選ばなくてはいけない。今、欧州の若者の間では、広く麻薬が蔓延しているから、特に注意が必要だ。

美人ならいいのだ！

2008年夏、警鐘になるような事件がペルージャで起こった。アメリカ人女学生アマンダのルームメートだったイギリス人女学生が、ナイフで喉を掻ききられ血の海の中で死んでいたのだ。当事者の女性二人が目を引く美人だったことから報道は過熱した。なんと、殺人の動機は麻薬を買う金欲しさという単純なもので、その後、アマンダとイタリア人ボーイフレンド、アフリカ人の麻薬密売人の3人が逮捕されている。

この事件で、美人に甘いというイタリアの病弊が見えてきた。殺人の容疑者として収監中のアマンダに全国の男性からファンレターが殺到しているのだ。それだけではない。拘置所にいる彼女の生活をテレビで実況報道。美人というだけで、殺人犯をもスターにするイタリア人、アンマリダ。

密売人は、ほぼ罪を認めて控訴しないかわりに罪が軽減される簡易裁判を選んだのに、このアマンダ、とんでもないアマで、指紋などの証拠が出た今も、罪状を否認している。

それだけではない。被害者のイギリス女性がつきあっていたボーイフレンドの、象牙海岸出身のバールのオーナーを犯人に陥れようと画策していたことも発覚。どんな悪女でも美人ならいいのか！　男たちのこの単純さ、なんとかならないのだろうか。

もうひとつ、驚いたのは、テレビに映し出された被害者の母親がインド人だったこと。事件関係者の国籍は、アメリカ、イギリス、イタリア、アフリカ2国、インドと6つの国に及んでいたのだ。あらためてペルージャの国際性を認識する事件となった。さらに問題となったのが、殺人を犯した二人が、いずれも富裕な家の子息であったことだ。ここからもわかるように、きちんとした目的意識を持たない子を、誘惑だらけの海外に安易に送り出すのは、きわめて危険なのだ。

その点、熟年は人を見る目も自制心もあるので安心して留学できる。結婚を考えないので人を愛する気持ちも純粋だ。そして、人を恋うる気持ちは、いつまでも若く瑞々《みずみず》しくいさせてくれる世界共通の万能薬なのだ。

子供を送り出すより、まず自分が先に下調べ、是非、熟年留学を考えていただきたい。

あとがき

旅は一人旅に限る。人に気を使い過ぎる私は、長い間そう信じてきた。それを変えた友人がペルージャ編で紹介したエリ。知り合ってまもなくドイツ旅行に誘われ、意を決して同道したのだが、他人との旅は、案の定戸惑いの連続だった。まず空港で、相手の恰好に唖然とした。ミンクのコートにヒールパンプス、グッチのボストンを持つ私と、ジーンズにスニーカー、リュックのエリ。旅に対する姿勢が異なっているのは明らかだった。

私にとって、旅とは非日常のゴージャスな時間。東京のうさぎ小屋に住み、あくせく働いた自分へのせめてものご褒美だ。だから、初めてのイタリア旅行も2ヵ月の大半を3つ星以上のホテルで過ごした。朝はベッドでカフェラッテとクロワッサン。朝食のトレイには、真っ赤なつぼみのバラが一輪、さりげなく置かれている。これが、ガラスの靴を履いた私の束の間の夢時間。

一方、エリは、高校時代から学生紛争にかかわっていたというヒッピー・ボヘミアン。

アルバイトで貯めたお金で、横浜から船でナホトカへ、そこからシベリア鉄道、飛行機、列車を乗り継いでイタリアへ辿り着いた気骨ある闘士だ。

旅はのっけから階級闘争の様相を呈した。駅に着いて、すぐにポーターを探す私を彼女が一喝する。「手があるんだから自分で運ぶ！」

言われるまでもなく、イタリアと違って人件費が高いドイツの駅にはポーター自体がいないのだ。仕方なくエスカレーターに進むが、その動く速度の速いこと。自慢ではないが、幼いころ縄跳びで「お入り」と声をかけられても、入るタイミングがつかめなかった私である。4歳の時には、めったにクルマの通らない道路を渡って、よりによって〝自転車〟にぶつかっていったくらいだから、その運動音痴ぶりは想像がつくだろう。私はトランクを手にしたまま、下りのエスカレーターの前でいつまで経っても足が踏み出せないでいた。エリが再度声を荒らげる。「何やってんの。あなたは手荷物だけ持って乗って。私があとからトランクを乗せてあげるから」。それなら片手が空き、手すりも持てる。

エリは、無事乗った私の上から「乗せるよ」と声をかけて、私の赤いトランクをエスカレーター面に置いた。その瞬間だ。トランクのキャスターが動き、20キロの塊が頭上から降ってきたのだ。トランクは、かろうじて私を避けて下まで落ちてくれた（私は固まって動けなかったので、意識的によけたわけではない）。他に人がいなかったのが幸いであった。「あなた、ブルジョワへの恨み、こんなところで爆発させないでよ」

私の抗議に悪びれることなく笑うエリ。留学したことも海外に住んだこともない私とは、たくましさが違う。

エリは、ホテルの予約もしない。駅に着いてから案内所で安い部屋を物色し、当日空いている部屋に「もう他の客も来ないと思うけど、安くしてくれたら泊まってあげる」と言いながら値切るのだ。これがプロレタリアート流「地球の歩き方」。長年の勘か、彼女が選ぶホテルは、ベッドの横にシャワーボックスがあったりはするものの、清潔で安価な所ばかりだった。

すっかり気心も知れた私たちは、何度目かの旅でスペインを訪れた。マドリッド、トレド、コルドバ、アルファンブラと南下。セビリア駅で彼女が言った。

「いまから列車に乗ると目的地に到着するのは21時。もう現地の案内所は閉まってるわ。私が荷物を見てるから、今度はあなたが、あそこにある旅行社でホテルの予約をしてきて」

やっと私も彼女から「貧乏旅行エクスパート」の認定を受けたようだ。駅前の旅行カウンターで格安のホテルを見つけた私は得意満面でエリに首尾を報告する。その日の目的地は、スペイン旅行の白眉コスタ・デル・ソル（太陽海岸）のマラガ。

〝ラ・マラゲーニャ〟——張りのある声を長く伸ばすアイ・ジョージの「マラガの女」の歌詞が思わず口をついて出る。

コスタ・デル・ソル、なんと甘美な響きだろう。脳裏に浮かぶのは、やしの葉が潮風にそよぐリゾート地。海を望むテラスでの朝食、パラソルの下での読書。私たちの期待はいやが上にも高まる。

ところが、到着したマラガ駅は、潮の香りならぬ埃の臭いに満ちていた。ホテルに向かうときから、期待の歯車が反対方向にきしみ始める。タクシーが停まったのは、紙くずが舞う裏町の居酒屋。そこにホテルの標識を見つけた私は、ほぼ気絶寸前だ。なんと、ゲーム機に興じる若者の喧騒が溢れる居酒屋が、ホテルのフロント兼食堂なのだ。

最大のショックは、天井からぶら下がるハムや肉の塊。煙草の煙で燻製にでもする気なのか、太陽海岸のイメージが音を立てて崩れる。驚いたことに、ここに団体がチェックインしていた。ツアーの老人たちがつけているバッジを見て、私は頭を抱えた。〝コスモツアー〟。イギリスの超格安で有名な団体旅行だ。まちがいない。ここはマラガ一安いホテルなのだ。

その夜、落胆のため外に出る気にもならず、私たちは、ビスケットを数枚かじっただけで床に就いた。「史上最悪のホテルよ」「あなたが、値段ばかりうるさく言うからよ」。私たちは険悪な雰囲気の中で目を閉じた。

たっぷり寝た朝の目覚めは爽快だ。今日は海を見に行こう。気分を切り替え、窓のよろい戸を開ける。

眼前に広がる海岸……ならぬ吊るされた牛の巨体。昨夜閉まっていた向かいの店は食肉店だったのだ。すぐに窓を閉じてエリには見せないようにする。空腹の私たちは朝食の場へ急いだ。だが、ダイニングに置かれたゲーム機の騒音と天井の肉塊が、またぞろ昨夜の悪夢を再現する。クロスのかかっていないプラスティックテーブル。飲み口が黄変した白のカップ。コーヒーを口にしたときのカップの厚みが、朝の気分を萎えさせる。私たちの隣のテーブルにはコスモツアーの若夫婦がいた。ホテルのひどさにへそを曲げたのだろう。口を利かない妻に、夫がいそいそと朝食を運び懸命に機嫌を取っている。私は、みじめさに身震いした。この場所から一刻も早く立ち去りたくなった。

「太陽海岸へ」。私の指示にタクシーの運転手はぶっきら棒に答えた。「海岸があるのはトレモリーノスだ。40キロ先だが行くか?」。私たちは同時に叫ぶ。「ノー!」

「マラガはコスタ・デル・ソルの中心地」。ガイドブックを信じたのが馬鹿だった。港が見える公園のベンチに所在無く座る私たちは、初めて貧乏旅行の惨めさを味わっていた。

「私、もうすぐ30になるの。もう、こんな旅行はやめるわ」。私は力なく言う。

甘さを糾弾されるかと思っていたら、エリも言う。「うん、私も疲れた」

よかった。私は努めて明るい声で言う。

「次は、お金貯めて思い切り豪華な旅行しようよ」

「目指せ！　クイーンエリザベス！」

まさか、エリの口から豪華客船の名が出ようとは……。

「うわ、それって転向宣言？　私の長期洗脳計画、成功したんだ。やっぱり最後に勝つのは資本主義なのね。バンザイ！」

私たちに再び笑いが戻ってきた。その日、コスタ（海岸）もソル（太陽）もないマラガ港は、どんよりとした雲におおわれていた。

これが私たちの最後の珍道中になった。身を固め、子育てをし、家を買う。30を目前にした私たちにも実人生の重みがのしかかってきたのだ。

私たちの長過ぎた青春を終わらせたのは、マラガ市、「ホテル・オレータス」。天井を飾っていた無数の肉塊のシャンデリアは、今も貧しき旅人の頭上で揺れているのだろうか。

番外編のような旅行記をあとがきに入れたのは、なつかしさからだけではない。貧乏旅行もまた楽しということを、とりわけ若い方々に勧めたいからだ。

20代半ばの友人夫婦は、海外旅行に行くとき、必ず現地の空港から日本語が話せるガイドを頼んで、すべてお任せの豪華旅行をする。「僕が必ずガイドをつけるのは、喧嘩できないのが嫌だからなんです。ホテルのサービスとかに文句をつけたいのに、言葉ができないので我慢するとストレスが増しますからね」。こんな旅行では、何も見ていないに等しい。自分の口と足で苦労する旅のほうが、はるかに得るものも多く、思い出にも残るはずだ。実際、マラガのホテルは、今も肉屋の前を通ると必ず思い出すくらい強い印象を私に残している。だから、自分がみじめに感じないのなら、年齢にかかわらず、貧乏旅行が楽しい。楽に豪華な旅をするより、創意工夫の倹約旅行のほうが頭の訓練にもなる。

旅に求めるものは、人それぞれに異なる。私にとって旅は「人」、そして、知的好奇心を満足させ、異文化と非日常を楽しむもの。だから、積極的に人と接し、まだ見ぬ場所を訪れ、日常を忘れる高級ホテルに泊まる。それだけではない。勉強好きで几帳面な性格なので、ガイドさんの説明を逐一メモするのみならず、旅行中、見たもの、食べたもの、すべてを細かく書き残す。帰国後は、パンフレットや写真を貼り、詳細な説明を書いた記録アルバムを作成する。私の旅は、勤勉で貧乏性の日本人の典型なのである。

ところが、欧州をともに旅した親友のエリは、何ひとつ記録に残さず、帰国後旅の思い出を整理することもない。終わったものは過去として忘れる主義だという。不思議なことに、お金の無駄を嫌い安い旅行に命を賭ける彼女、時間の無駄は平気なようだ。限られた時間内にすべてを見尽くそうと走りまわる私を尻目に、すぐにバールに立ち寄り、コーヒーやワインを片手にゆったり紫煙をくゆらせる。見ることより、その場に居ることを楽しむタイプだ。

もうひとりの親友素子は、究極のゴージャスリッチ派。毎年、同じ場所で滞在型リゾートライフを楽しむ。目的はゴルフ、それに美食とショッピング。どこに行っても、好きな趣味とは離れたくないのだ。なぜわざわざ海外まで行って、日本でもできるゴルフをやるのか、これも私には理解できない旅のスタイル。

そして、ついに貧乏性で働き者の蟻が残した50冊におよぶ膨大な記録と知的好奇心が報われる機会がやってきた。「月刊現代」唯一の女性編集者だった岡本京子さんから「イタリアの旅の魅力を書きませんか」という依頼をいただいたのだ。紀行文ね。その響きから頭に浮かぶのは、偉大な先達の作品。松尾芭蕉の『奥の細道』、ゲーテの『イタリア紀行』、沢木耕太郎の『深夜特急』。そんな私の身のほど知らずの夢想は、若き編集者により完膚なきまでに打ち砕かれる。

「読者が田丸さんに求めているものは、その路線ではないと思います。強烈なシモネタも入れていただかないと」

聞けば新卒から「週刊現代」で鍛えられてきた辣腕編集者。豊富な見聞を積んでいるだけに説得力もある。

折角シリアスドラマで舞台に立とうとしたAV女優が、「脱げ」と強要されたようなものだが、一度ついたイメージを払拭するのは至難の業だ。私は頭をかきむしって悩んだ。「ローマ、コロッセオでのセックス」「フィレンツェ、アルノ川でのSMプレー」？ 普遍の性と特異な旅、いや普遍の旅と特異な性か、双方をどう結びつけるのか？ それにしても、将来、旅のシモネタ本を書くことがわかってさえいれば、もっと〝体〟を張った取材をしていたのに……まことに残念だ。

ともあれ、束の間の夢から覚めた私は、70回近く訪れたイタリアの思い出を辿りつつ筆を取った。色気とドッキングさせた旅案内に、古い話が多くなったのはやむをえない。私が年齢を重ねるごとに、旅から「色」が消えていったからだ。

類は友を呼ぶ。他ならぬ、私自身がフェロモンを分泌していたからこそ、あんなにユニークな人たちがよってきたのだ。

永遠の都ローマから始まったこの旅は、ミラノ、ナポリ、ヴェネツィア、フィレンツェへと続く。初心者向けのガイドブックに見えるかもしれないが、そこに描かれているのはすべて「シモネッタ、旅の人間模様」。イタリアならではの人間ドラマを追体験する、そんな旅の道連れになっていただいた読者の方々に、心からお礼を申しあげたい。

「月刊現代」で活躍された佐藤優さんによると、同誌は「若いライターの登竜門として幾多の著名ジャーナリストを育んできた」名誌ということだ。そんな立派な媒体に経験も浅いおばさんライターが、2年近く紀行文を書かせてもらった。「月刊現代」の懐の深さを改めて感じている。

最後に、私のために、じきじきにタイトルを考えてくださった髙橋明男編集長、毎回、原稿をすぐに読み的確な指示を返してくださった編集者岡本京子さんにも感謝申し上げたい。連載が本になったのも、このお二人のおかげである。

本書は「月刊現代」の連載（二〇〇七年一〇月号～二〇〇九年一月号）に加筆したものです。

田丸公美子　たまる・くみこ
イタリア語会議通訳、翻訳業。広島県生まれ。東京外国語大学イタリア語学科卒。親友の故・米原万里氏から授かった称号〝シモネッタ〟（シモネタの女王）に恥じない卓抜したユーモアセンスを武器に、痛快エッセイを執筆。著作に『パーネ・アモーレ　イタリア語通訳奮闘記』『シモネッタのデカメロン　イタリア的恋愛のススメ』（共に文春文庫）、『目からハム』（朝日新聞出版）、『シモネッタのドラゴン姥桜』（文藝春秋）等。

シモネッタの本能三昧《ほんのうざんまい》イタリア紀行《きこう》

2009年3月17日　第1刷発行

著者……田丸公美子《たまるくみこ》

発行者……鈴木哲
発行所……株式会社講談社
東京都文京区音羽2-12-21
〒112-8001
電話　出版部03-5395-3522
販売部03-5395-3622
業務部03-5395-3615
印刷所……慶昌堂印刷株式会社
製本所……株式会社国宝社

ISBN978-4-06-215380-5
N.D.C.361.42　253p　19cm